Anxiety Coach: Every parent's guide to building resilience in their child

父母是孩子最好的情绪教练

[澳]迈克尔·霍顿/著　柴丹/译

清华大学出版社
北京

北京市版权局著作权合同登记号 图字：01-2024-5501

Text Copyright © Michael Hawton 2023 Exisle Publishing Ltd

The simplified Chinese translation rights arranged through Rightol Media （本书中文简体版权经由锐拓传媒取得）

本书封面贴有清华大学出版社防伪标签，无标签者不得销售。

版权所有，侵权必究。举报：010-62782989，beiqinquan@tup.tsinghua.edu.cn。

图书在版编目（CIP）数据

父母是孩子最好的情绪教练 / (澳) 迈克尔·霍顿著；柴丹译. -- 北京：清华大学出版社, 2025.3.
ISBN 978-7-302-68502-9

Ⅰ. B844.1

中国国家版本馆 CIP 数据核字第 2025RQ9508 号

责任编辑：宋冬雪
封面设计：墨　宝
版式设计：张　姿
责任校对：王荣静
责任印制：沈　露

出版发行：清华大学出版社
网　　址：https://www.tup.com.cn，https://www.wqxuetang.com
地　　址：北京清华大学学研大厦 A 座　邮　编：100084
社　总　机：010-83470000　邮　购：010-62786544
投稿与读者服务：010-62776969, c-service@tup.tsinghua.edu.cn
质 量 反 馈：010-62772015, zhiliang@tup.tsinghua.edu.cn

印 装 者：大厂回族自治县彩虹印刷有限公司
经　　销：全国新华书店
开　　本：148mm×210mm　　印　张：6.25　　字　数：123 千字
版　　次：2025 年 4 月第 1 版　　　　　　印　次：2025 年 4 月第 1 次印刷
定　　价：49.00 元

产品编号：103142-01

本书所获赞誉

在这个越来越多的年轻人与焦虑作斗争的时代,迈克尔·霍顿的书脱颖而出,为父母提供了鼓励和实用策略,帮助他们重新控制孩子的焦虑。作为一名全科医生,我看到越来越多父母为了应对儿童焦虑寻求帮助,获得的心理服务却有限。

——安·斯塔顿博士

这本书详细介绍了父母如何帮助孩子学会不再"灾难化"成长中不可避免的挑战,并提醒我们所有人享受这段旅程。

——马丁·怀特利博士

《过度开药的疯狂》(Over-prescribing Madness)作者

作为一名儿科医生,我经常看到焦虑的孩子,家长们想知道他们可以做些什么来帮助孩子。这本书是父母急需的、易于使用的资源,可以帮助他们理解和管理孩子的焦虑。

——费奥娜·诺布尔博士,医学学士、外科学士,皇家内科医师学会会员,儿科医生

父母是孩子最好的情绪教练

如今，感到焦虑的孩子比以往任何时候都多。这本书是一个很好的资源，对于父母来说很容易阅读。它为父母提供了实际的例子和练习，让他们更好地帮助孩子控制焦虑、发展复原力。

——凯茜·麦凯，学前班主任

这本书讲述了养育焦虑儿童的常识性方法。它提供了现实生活中的例子和帮助孩子应对不适情景的技术；让孩子们自由绽放，而不是隐藏自己。

——瓦内萨，教师，两个孩子的母亲

引言

通过长期从事社区的心理工作并与父母讨论孩子的行为问题，我发现过去与现在相比存在一些不同之处。20世纪90年代，很多父母抱怨孩子顶嘴或不听话——这是父母们向我求助的主要原因，换句话说，大多数父母面对的是孩子们的行为问题。在这个时期，找我进行初诊的候诊名单排队长达六个月，据我估计，当时超过80%的个案都是与有行为问题的儿童的父母会面，剩下20%的个案是见表现出焦虑症状的儿童。如今的情况已经发生了变化：我可以有把握地说，比起从前，现在有更多的孩子表现出焦虑症状。

那么，我们是否会意识到，如今有越来越多的孩子受到焦虑的影响？是否有更多的人发现，当前儿童的处境比过去更容易引发焦虑？有些儿童期的行为最初看起来并不严重，父母通常认为，等孩子长大后问题行为会自行消失。然而，如果没有正确的干预，焦虑行为往往会随着时间的推移而升级。

儿童焦虑的表现之一是形成错误的思维习惯。儿童的焦虑可以表现为焦虑的语言和焦虑的行为。如果我们发现孩子经常说"我有压力"或"我做不到"这样的话，就要注意了，这就是焦虑的语言表现；如果我们发现孩子比平时更加沉默寡言或更加警惕，我们要注意，这就是焦虑的行为表现。通常，当焦虑的儿童表现不佳时，他们往往会回避让他们感到不舒服的情景，除非他们学会如何克服焦虑或恐惧。在儿童设法应对生活中的困难时，他们能够学会，也必须学会克服这些焦虑，这也是你作为引导者要支持他们做的事情。帮助孩子驾驭焦虑，将是你所承担的最重要的育儿任务之一。

你希望鼓励孩子勇敢，敢于冒险，尝试新事物——但问题是，如果你没有足够的时间，或者你不希望看到任何意外，你总会忍不住想要去解决问题或是掌控局面，最后的结果是，你替孩子解决了问题。孩子们会寻求父母的帮助以解决问题，这是他们自然的反应。而大多数父母不愿意眼睁睁地看着孩子受苦。所以，面对孩子的沉默，一些父母就会让步。这种行为很常见。但是，在退缩和激励孩子直面恐惧之间，还有一条中间道路，这正是我想告诉你的。

我将向你介绍，出现问题时怎样让孩子不再惊慌失措。我们关注的重点是：如何帮助孩子建设性地处理生活中的问题。

这本书的主要内容是，父母作为主导者如何帮助孩子培养应对生活挑战的能力。很明显，孩子要学会驾驭焦虑，你需要教给他具体的方法，这不是一个自然发生的过程。你能想象出未来会有这样的场景吗：孩子的情感变得更坚强，你只需要给他们最低限度的心理安抚——这就是我希望帮你达成的目标。

我通过这本书指导你帮助孩子（学龄前至 13 岁）管理焦虑情绪，我会谈到以下内容：
- 我亲历的家庭和儿童的研究案例
- 帮助你快速做出决策的流程图
- 一些需要完成的简单的工作表
- 实施书中内容的技巧

本书的主题

目前，研究者普遍认为，儿童的焦虑表现有三分之一是基因和气质造成的，另外三分之二的焦虑习惯是后天习得的。这意味着，儿童大多是在人际交往或生活情境中习得焦虑的思维习惯的。[1] 即使你的孩子天生气质是容易焦虑的，读完本书，你依然能向他们传授管理焦虑情绪的必要技能。

解决孩子的焦虑需要时间。当孩子的言谈举止表现出焦虑情绪时，你需要知道如何应对。儿童的焦虑表现通常来自环境、想法和感受的相互作用。父母可以学习"发球和接球"对话技巧，从而使孩子学会应对压力、调节情绪。我们将看到，儿童强烈的"自我意识"是通过儿童和回应他们的成人（包括父母、教育工作者和其他重要的成年人）之间的互动而形成的。随着孩子进入童年中期和晚期，同龄人、社交媒体和更广泛的社会背景将越来越多地影响他们的身份感和归属感。

当孩子遇到会引起担忧或焦虑的情况时，父母可以采取某种方式做出反应，以减少孩子产生焦虑的可能性。如果孩子正在经历焦虑时刻，他们与养育者之间的互动可能会加剧焦虑，也可能会帮助他们形成健康的大脑结构。如果孩子很少体验正确的互动方式，焦虑加剧的可能性就会增加。相比之下，有一些互动方式可以帮助孩子形成一种有复原力的心态——一种能够应对日常压力的心态。你在那个短暂的片刻（我称之为"短期游戏"）采取的行动很重要，如果你一遍又一遍地重复这些积极的互动（我称之为"长期游戏"），你将帮助孩子培养出持久的复原力。

从一开始，我就想对有焦虑表现的孩子和被诊断患有焦虑症的孩子加以区分。[2] 所有人，包括儿童，在一生中的某些时刻都会经历焦虑状态。所有的孩子都会担心某些事情，比如父母是否会一直陪着他们，朋友是否真心喜欢自己。不过，焦虑是一个连续体，最极端的状态是焦虑症，只有 7% 的儿童受焦虑症影响。并非所有表现出焦虑状态的儿童都会发展成焦虑症。两者之间的关键区别在于，如果儿童患有焦虑症，他们的焦虑反应可能会妨碍正常生活，例如上学、与朋友交往，或是参与有一定挑战性的日常活动（骑自行车或与家人一起去度假）。

被诊断患有焦虑症的儿童的平均年龄是 11 岁。[3] 当看到孩子表现出烦躁行为或其他焦虑行为时，通过尽早干预，你可以帮助他们学会管理自己的想法和感受并练习应对策略。无论你的孩子处于何种程度的焦虑状态，我们都有相应的干预方法，为孩子建立一条通向强大复原力的道路。

☙ 本书可以帮你实现的目标

关于儿童如何管理焦虑情绪，父母和照顾者能发挥重要的作用。阅读这本书就是一个很好的开始。

话虽如此，在孩子焦虑时，许多父母都不会及时寻求帮助，原因是他们可能认为孩子长大后就会摆脱焦虑。而且，父母通常不知道可以向谁寻求正确的帮助来应对孩子的焦虑行为。还有一些家长因为寻求专业帮助产生的高额费用或漫长的等待时间而选择"拖延"。此外，普通咨询由于缺乏有效性的证据，并不是焦虑儿童的首选治疗方案。对于患有焦虑症的儿童，应该向了解儿童认知行为策略的专业人士寻求帮助。

在当下这个时代，我们很容易想到要依靠一线专业人士如全科医生或心理医生来缓解孩子的焦虑，但其实这不是必需的。如果父母能作为教练给予孩子正确的指导，那么去看心理医生与接受父母指导的治疗效果是差不多的。[4] 使用本书中介绍的策略可以降低成本，与看心理医生（最好的结果是，心理医生为你的孩子进行六到八次治疗并取得明显效果）不同，你是孩子的实际陪伴者。因此，在使用本书中的练习帮助孩子克服焦虑的过程中，你更容易随时发现帮助孩子的机会。

面对孩子的焦虑，你和其他重要成人的反应方式的适度改变会对孩子产生重要影响，乃至决定他们是否表现出焦虑症状，这些改变被泛称为家庭管理策略。[5] 即使学到的策略相对较少，你依然可以帮助孩子减轻焦虑。你还可以使用我将要介绍的技巧，以避免孩子未来可能出现的所有严重焦虑行为。你和孩子的这些日常交流将帮助他们暂停焦虑，专注于管理自身压力。

如果你发现孩子的言谈举止间表现出焦虑情绪，重要的是对正在发生的事情进行评估并决定是否介入。阻止父母采取行动的最大障碍是父母对改变孩子的焦虑状态缺乏信心，不想以错误的方式行动，或者认为这是专业心理工作者该做的事。如果你也是这样想的，那么我建议你继续读下去,因为一旦你确信自己在做的是"正确的事",你的行为就会更具一致性和目的性。孩子的生活中坎坷不断,你需要让他们为生活中最好和最坏的情况做好准备。我们不能一直保护他们,正如俗语所言,最好"让孩子为前路做好准备,而不是让前路为孩子做好准备"。

我建议采用"少做/多做"的模型来干预孩子的焦虑行为。你可以通过"少做"本书建议的某些事情来减轻孩子的焦虑,通过积极主动地"多做"(后面会详细介绍)建议的某些事情培养孩子管理焦虑的能力。你可以教会孩子发展情感力量所需的技能。正如非情感技能(例如学习如何用刀叉吃饭)可以习得一样,情感技能(例如知道如何应对担忧或恐惧)也可以习得。我的目标是让你获得信心,在孩子焦虑的特定时刻知道该说什么、该做什么。在某种程度上,你的这些反应需要变得自动化。你的生活可能已经够忙碌了,所以我要为你提供的是快速行动的方法——这是"决策卫生"的一种形式——在正确的时机,执行这些行动将变得很容易。

我将向你介绍一个 SALON 脚本,在孩子焦虑的时候,你可以运用这个脚本与孩子对话,在大多数焦虑场景下,你都可以使用这套脚本作为首选行动方案。SALON 代表的意思是:

Self-check:首先进行自我检查,然后让自己"全面暂停"

Acknowledge:认可孩子的感受

List:列出你注意到的内容,把看不见的问题可视化

Open-ended questions:提出开放式问题

Now what:考虑现在怎么办

你可以将 SALON 脚本作为应对孩子焦虑的常规方法。如果你

重复使用其中的全部甚至部分内容，将帮助你的孩子学会像科学家一样思考，进而评估正在发生的事情，学会质疑焦虑的想法和感受，并找到前进的方向。你不需要等他们上学后再学习如何像科学家一样思考。就算是学龄前儿童，也可以学会以科学的方式看待世界并管理自身的焦虑。

在本书的最后，我将为你提供一份焦虑对话备忘录。如果你愿意，可以把它贴在冰箱门上，用来提醒自己。

● 本书的结构

第一部分（第1章至第5章）探讨了焦虑运作的知识，以及它的对立面——复原力如何运作。如果你能对如何培养孩子强大、健康的"自我意识"有一些简单的理解，当你观察到孩子焦虑时，你就可以在正确的时机使用正确的育儿工具来纠正他们的习惯。就理论而言，没有太抽象的内容。但我会为你提供足够的信息，让你理解每个人的大脑中发生着什么，尤其是你的孩子的大脑中正在发生什么！通过更客观地了解焦虑及其运作方式，你可以按照自己喜欢的方式运用这些知识。

第二部分（第6章和第7章）介绍家庭模式如何形成以及如何改变。家庭中的行为模式需要一些时间才能形成，为了了解儿童形成焦虑习惯的过程，有必要了解家庭中一些很常见的模式是如何建立的。我们要了解这个过程，因为只有了解一种模式是如何建立的，才有可能改变该模式。我教给你的技能不仅可以帮助你觉察家庭模式及其运作方式，还可以帮助你改变既定的模式。

第三部分（第8章至第12章）介绍心理健康专业人员用于改

变家庭焦虑行为的行之有效的技术。我将介绍一系列重要技术,每项技术的目的都是一致的:帮助你的孩子发展情感力量,这样,即使你不在场,他们也可以运用你教给他们的技能应对困难时刻。当你发现孩子在言谈举止中表现得焦虑时,我将为你提供一个应用 SALON 脚本的有效范例。我还会请你制订一个行动计划,与你的家人一起应用你在本书中学到的内容。

想象一下,如果你教会了孩子一项技能(比如如何暂停焦虑思维),而且你看到他们可以无须你的提示独立运用这项技能,这难道不是一件美妙的事吗?你会看到他们控制焦虑的能力越来越强,而且,是你让这一目标变成了现实。

如果所有的家庭成员都在家庭中运用这些技能,那么,这些技能将发挥出更大的作用。

认识库珀夫妇

引言

这是简·库珀、安德鲁·库珀夫妇和他们的两个孩子。

简是一位36岁的妈妈，在一家建筑公司担任客户经理，每周工作四天。安德鲁是一位39岁的爸爸，是当地的一名药剂师。他们有两个孩子，11岁的艾玛和8岁的汤姆。

让我们看看库珀夫妇是如何使用本书第三部分将要介绍的一些策略来解决家庭中的焦虑问题的。

近几个月来，库珀夫妇发现他们：

· 当艾玛情绪激烈、焦躁不安时，他们试图分散她的注意力或安抚她；

· 当汤姆闹着要求妈妈亲自去辅导班接他时，他们同意了；

· 艾玛在完成学校任务时遇到障碍，他们取消了（或是替艾玛做了）艾玛的作业；

· 当汤姆不愿意去上学时，他们退让了；

· 因为艾玛不乐意，就改变一家人原本的计划（比如不外出就餐）。

鉴于事态的发展，简和安德鲁可以预见到"不祥之兆"。他们认识到，如果他们不断地重复同样的做法，就像上述例子中那样，他们会变得越来越恼火——因为他们必须围着孩子的焦虑反应打转（不断调整整个家庭的正常行为习惯）。他们还发现，孩子们对父母做什么和不做什么变得越来越挑剔。

艾玛是一个性格张扬的孩子，她会在意最小的挫折，并因此给自己和父母制造麻烦。最近，当父母要求艾玛遵守一些家庭规则，比如放下手机或是与家人坐在一起吃晚饭时，她会有强烈的情绪反应。

她一直拒绝和家人一起外出就餐，因为她不喜欢使用别人用过的餐具。艾玛还是一个完美主义者。无论做什么，她都要做到完美——否则她就不会尝试去做。因为担心自己做不好，艾玛放弃了很多事情。如果感觉什么事情不对劲，她会坚决否定那件事。艾玛一直希望妈妈为她检查作业。在课堂上，她不愿意向老师展示自己的作业，也不愿意举手。她的父母发现，面对那些具有一定挑战性但基本可以完成的任务，艾玛会哭鼻子。他们认为，艾玛表现得很"脆弱"，就算面对很小的挑战，艾玛也会崩溃。

汤姆的焦虑程度比姐姐稍微轻一些。但他有一个大问题，他发泄紧张情绪的方式是寻求父母的安慰，确保父母能帮他做许多事情。汤姆也经常担心自己能否融入集体——他可能太过担心其他孩子或老师对自己的看法。最近，汤姆一直不愿意回到学校，如果某天他在学校（和朋友们）发生了一点小摩擦，第二天他就会想待在家里。换句话说，他不愿意面对一丁点儿友情问题。最近，他在家休息的日子比上学的日子还多。他一直缠着妈妈，要求妈妈保证按时到辅导班接他。

在本书中，我们将深入探讨简和安德鲁面对子女焦虑时的典型反应，以及如何用更有建设性的，能为孩子带来支持和挑战的方式来取代这些常见反应。

第XIV到XV页的表格（在这本书中，我们要一直使用这个表格）中列出了简和安德鲁针对汤姆和艾玛的焦虑表现所采取的行为类型。每当他们觉察到自己有这些行为时，他们的内心都会感到痛苦。他们一方面希望体察孩子的感受，另一方面他们知道，如果他们默许孩子的表现，对孩子和他们自己都没有好处。我会说明孩子

引言

从这些次优决策中会得到何种经验,在本书的第三部分,我会介绍简和安德鲁可以选择的五种应对孩子焦虑行为的替代方案。在本书接下来的内容中,我还将告诉你:孩子会从父母的行为中学到什么,以及你可以采取的新的行为模式。

首先,我们来看看这本书的结构,本书基于三个坚实的基础,分别是:

- 如何帮助孩子恰如其分地理解事情的严重性
- 如何帮助孩子在解决问题时不被外部事件所影响
- 如何帮助孩子学会信任自己的想法,不会过度被外部因素影响,例如他人的想法或流行时尚

有太多声音告诉父母他们应该做些什么。我想,我也是这些喧嚣意见中的一个声音。话虽如此,作为一名老师,对于如何简化观点、有意义地组织观点从而使初学者易于理解,我还是略知一二的。另外,我在书中的表达会非常简明,并希望这一点对你也有帮助。我将为你提供基于实证的方法,帮助你的孩子克服未来可能面临的焦虑。最后,我希望你在阅读这些内容时感到思路清晰、目标明确。

让我们开始吧。

父母的做法

焦虑行为的迹象	孩子的语言或行为	父母通常的做法
艾玛"觉得"自己的身体不舒服,变得烦躁、疯狂或情绪不稳定。	"我做不到!""不!那绝不只是一种感觉!"(她受到某件事或某种状况的冲击。)	简会安抚艾玛,分散她的注意力或作出让步。简因此变得烦恼愤怒。
汤姆缠着妈妈,一定要她"在那儿"。	汤姆不断地问:"你确定你会在那儿吗?"	简一直安慰汤姆,告诉他:"是的,我会在那儿。"
艾玛让简替她完成学校布置的任务。	艾玛说:"你能为我做吗?"(当简不同意时,艾玛会更加沮丧。)	简通常会帮艾玛解决问题。她不想让事态失控,于是最后替艾玛完成了任务。
汤姆为了"避免"友情问题而不去上学。	只要听到否定意见,汤姆就什么也做不了。他养成了小题大做的习惯。	安德鲁允许汤姆留在家里,使汤姆不必面对有挑战的情景。
艾玛不想外出,也不想参与正常的家庭事务。她的"正常"生活范围正在变窄。	艾玛回避参与正常事务。她希望父母同意她不做某些事情。	简和安德鲁通过改变家庭惯例来"顺应"艾玛,例如不去餐馆吃饭。

孩子从父母的反应中学到什么	如何教会孩子应对焦虑的具体技能

目录

💡 第一部分　焦虑场景

第 1 章　你需要知道的 3 个基本观点 / 003

第 2 章　复原力的定义，以及父母的角色 / 011

第 3 章　一些为你赋能的理论 / 019

第 4 章　关于焦虑的基础知识 / 029

第 5 章　我们可以允许什么样的风险发生？ / 043

💡 第二部分　随着时间的推移改变焦虑

第 6 章　家庭模式的形成及其改变方法 / 055

第 7 章　快速回顾及好的设计要素导入 / 073

💡 第三部分　焦虑教练策略

第 8 章　保护孩子的大脑 / 081

第 9 章　训练孩子克服恐惧 / 097

第 10 章　多听听孩子的声音 / 109

第 11 章　帮助你的孩子更准确地思考 / 127

第 12 章　执行 / 145

第 13 章　结语 / 163

参考文献 / 173

尾注 / 175

致谢 / 179

第一部分

焦虑场景

在西方社会，儿童的焦虑已经成为一种流行现象。在接下来的五章中，我们将探讨焦虑之所以成为儿童面临的巨大问题的重要因素。你将了解到，导致儿童焦虑的随时间不断增加的主要因素，父母在面对孩子的焦虑时可以做些什么，以及如何允许孩子在其能力范围内承担一些风险。

第1章　你需要知道的3个基本观点

父母的工作是什么

我们的第一个基本观点是，要定义"父母"的工作是什么。对于大多数工作，用人公司会事先在招聘信息中描述清楚这个岗位需要什么样的人。如果我对"父母"这一工作角色的内容进行大胆猜测，我会将其归纳为一件主要的事：帮助他们的孩子走向成熟。而培养控制强烈情绪的能力，是成长的一部分。一位作家曾经试图定义什么是"成长"，他是精神病学家斯科特·派克（Scott Peck）博士。20 世纪 70 年代，派克写了一本名为《少有人走的路》的书，他在书中说，随着我们走向成熟，会发展出一种能力：把我们的情绪调整到与所面临事件的严重程度相匹配的程度。[1]

· 如果有人误解了我，对我的态度尖酸，我应该为此感到多大程度的伤心？

· 如果我没有收到朋友聚会的邀请，我应该让这件事在多大程度上影响我的心情？

· 如果我不喜欢某位老师，我应该在允许自己对这位老师的反感情绪在多大程度上影响自己上学的动力？

从更大的图景来看，如果把最严重的事件定为 10 分，上述任何一件事都可能是 4 分的事件——即我们应当对此产生大概 4 分的反应强度。不过，根据我们对该事件的看法，它也可能引发 8 分的反应强度。另一件不同的事，比如某位家庭成员受到威胁，可能是 9 分的严重程度，并能激发我们 9 分的反应强度——根据派克对成熟的看法，这种反应水平可能是完全合适的。如图 1-1 所示。

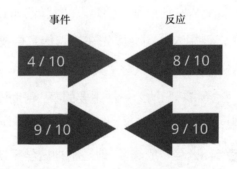

图 1-1　事件与我们的反应强度

孩子们也会感到焦虑，但由于大脑仍在发育，他们对事件的理解与成人不同。孩子们认为值得担心的事，与我们成年人体验到的感受不同——不仅因为他们与我们是不同的个体，还因为他们处于与成人不同的发展阶段。这意味着，他们的经验受到特定的认知限制。并不是说他们智力低下，而是说他们的大脑仍在发育。

如果你还是个孩子，可能很难弄清楚什么事情真正值得担心。显然，并非所有情况都是 9 分的严重事件。然而，在过度焦虑的孩子中，我们可能发现，孩子会对你可能认为不值得担心的事情过度反应。他们还没有学会如何控制自己焦虑。儿童驾驭情绪的能力部分取决于他们所处的发展阶段（这意味着我们可以预期随着他们不断成长会发展出更强的能力），部分取决于学习和练习他们需要的技能，以便他们能够管理自己的忧虑和担心（这意味着在正确的帮助下他们可以利用这些技能"恢复平静"）。

控 制 点

第二个基本观点是，思考我们希望孩子如何解决生活中的问题。为了探讨这个问题，我想和大家讨论一个叫做"控制点"的概念——这个概念最早由朱利安·罗特（Julian Rotter）在20世纪60年代提出。[2] 孩子的控制点即他们未来解决问题的导向。你的孩子会认为是"他人"决定了自己解决问题的能力，还是会认为这些问题多半在自己的掌控范围内？例如，有些孩子认为他们产生情绪的"原因"来自外部因素，或者自己的生活更多由运气或机遇决定，而不是由自己掌控，如图1-2所示。这种思维方式可能是焦虑扩散的一个原因。如果你认为自己的焦虑是由他人引起的——自己无法解决——那么这可能会限制你控制焦虑的能力。如果你的控制点在外部，最终你可能会相信，你的感受是外部事件在你身上导致的结果。那么，在评估焦虑的原因时，你会倾向把外部环境视为导致你焦虑的原因。儿童必然更倾向于向外归因，而正确的训练可以帮助他们增加向内归因的能力。

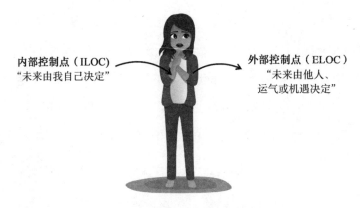

图 1-2　内部控制点与外部控制点

根据罗特的观点，儿童的控制点可以位于一个连续体上，连续体的一端是内部控制点，另一端是外部控制点。"内控者"相信，以"我能做到"的态度，为自己采取行动解决问题非常重要。20世纪80年代当我大学毕业时，大约50%的人拥有内部控制点，50%的人拥有外部控制点。当我的大学讲师谈论这个概念时，他们并没有对其进行价值判断。他们没有说明，处于控制点连续体的某一端会引发好或坏的结果。可是，如果是现在，他们会表态的！

最近的一项元研究（对43项不同的研究进行的综合研究）表明，在过去大概50年里，声称自己是外部因素导向的人数稳步增加。[3] 换句话说，越来越多的人认为生活中的许多事情不在自己的掌控之中。如今，超过80%的儿童更有可能是"外控者"，而"外控者"的表现不如"内控者"。艾琳·阿赫琳（Eileen Ahlin）

在这个领域的研究也产生了深远影响。她说，外控者的学业成绩较差，而且有更多焦虑情绪。[4]

有人问控制点是否与性格相关。换句话说，他们问的是控制点是确定不变的还是可以改变的。这个问题的答案是，一名儿童的控制点主要是后天习得的。重要的是，通过正确的帮助和指导，"外部控制"取向可以转变为"内部控制"取向。

关于儿童的控制点，有两件重要的事情需要了解。孩子生活中的重要成人（包括老师）可以影响他们的控制点，而内部控制点导向的发展对孩子的福祉有长期的益处。这是个好消息，因为儿童生活中的重要成人可以做许多事情来帮助儿童（即使是非常年幼的儿童）建立内部控制点。在家长主导的模式中，你可以将培养孩子内部控制的思维方式作为目标，从而确定自己的行为方式和对孩子的反应方式，这将使你们受益匪浅。你只需要知道应该关注什么，然后持续练习相应的技能，以建立孩子的内部控制点。

幸福三角

第三个也是最后一个基本观点是：了解随着年龄的增长，我们是如何让自己平静下来或自我安抚的。丹尼尔·西格尔（Daniel Siegel）使用了一个简单的图示来解释这种能力背后的原理（图1-3）。在他的"幸福三角"模型中，他首先向我们展示，作为成年人，我们可以使用思维来使神经系统平静下来。[5]在一天结束的时候，我们可以通过散步减轻全天事务带来的压力；我们也可以写出一张利弊清单来权衡某个问题；我们也可以通过与朋友讨论来解决问题。

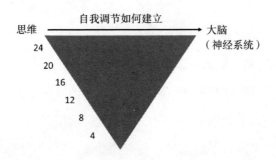

图1-3　丹尼尔·西格尔的"幸福三角"模型

成年人可以自我安抚。这并不是说我们不需要与他人建立关系，而是说，随着年龄的增长，我们能够更加独立地解决问题。成年人也能找到方法让自己停止忧虑，比如，通过一些呼吸练习，可以打断头脑中循环出现的想法或是使身体平静下来。如图1-4所示。成年人的头脑拥有更丰富的资源，可以依靠自己的能力恢复平静。成年人可能会更容易接受一件他们最初认为无法接受的事。这项技能，以及许多其他技能都有赖于成年后的大脑。换句话说，作为一名成年人，我们可以使用我们的内侧前额叶皮层（位于我们头部前方，就在我们的前额后面）来"告知"其他神经系统冷静下来或进行自控。只有当一个人完全成熟后——到了20岁出头的年纪——这种自我安抚的能力才能发育完成。

在此之前，年幼的儿童需要成年人帮助他们恢复平静。

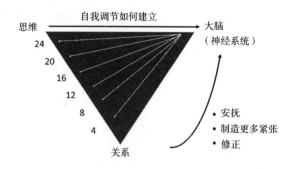

图 1-4 丹尼尔·西格尔的"幸福三角"模型（成年人）

4岁时，在痛苦事件发生之后，孩子们更加依赖他们周遭的人际关系来帮助自己平静下来。父母和其他养育者有能力影响孩子：他们不稳定的行为方式或虐待行为会导致孩子感到紧张，同样地，他们也有能力帮助孩子改善情绪并与焦虑"搏斗"。父母的拥抱或安慰的话对孩子会有明显的帮助。

年幼时，儿童用一种简单的视角看待世界，这种视角情感大于理性。年幼的孩子更多地通过身体而不是思维来体验情绪。成年人可以通过思考恢复平静，但儿童不能，他们需要父母帮助他们习得减轻恐惧的能力。而且，我们会看到，随着年龄的增长，儿童原本稚嫩的控制想法和感受的能力会有所提高，而且他们也能区分出哪些事情是真正值得担心的，哪些事情是不值得担心的。

对我而言，这本书的中心任务是为你提供策略，从而帮助你的孩子改善所有可能出现的焦虑反应。虽然实践时，你有时会感到与孩子的相处不如从前愉快，但这些策略会帮助孩子发展健康的大脑构造。我将在接下来的章节中对此进行更多讨论，但其实这就是老师每天所做的事情：老师挑战孩子的能力，让孩子完成一项稍微超出自己舒适区的任务，从而"拓展"孩子的能力。这是促进者的角色，而不是安抚者的角色。事实证明，过多的安抚会阻碍儿童内部控制能力的发展。对此你可能会感到很吃惊。这并不是说我们永远不想安抚孩子，你需要——而且应该这样做。当他们需要时，你要表达同情和支持，并给他们一个拥抱。然而，你也要帮助你的孩子成为解决问题的高手，让他们养成观察事实的习惯，并学会以不同的角度看待同一个问题。

在下一章中，我们将探讨焦虑思维的反面——以及如何帮助孩子在情感上变得更坚强。如果你能努力帮助你的孩子在情感上变得更坚强，便能收到一箭双雕的效果：在降低孩子焦虑的同时帮助他们培养情绪包容度，这样他们就有能力处理未来生活中的问题。

小结

- 父母的工作是帮助孩子如实理解事情的严重程度。如果最严重的事情是10分，大部分事件的严重性达不到9分。

- 具有外部控制点的孩子的学业表现会更差，而且更容易感到焦虑。控制点是可塑的，这意味着通过家庭管理策略可以帮助孩子从外部导向转变为内部导向。

- 随着年龄的增长，孩子自我安抚的能力会越来越强。但是，在年幼时期，孩子更依赖从周围的成年人那里学习改变焦虑反应的方式。

第2章　复原力的定义，以及父母的角色

我想，你无论如何都不希望扼杀孩子的个性，你会希望他们快乐和坚强。而且，我想，你会希望孩子具备心理复原力。

有些人将复原力称为"恢复"的能力，还有些人将其定义为：面对变化的环境坚守目标，保持完整性的能力。下面是我最喜欢的一个定义，来自心理学家里克·汉森（Rick Hanson）："复原力就像帆船的龙骨。它让你保持平衡并不断前进。"[1] 船有时可能会被海浪击倒或偏离航线，但随着时间的推移，它会自我矫正。在汉森的帆船类比中，那艘船坚固耐用。它的设计使它能够承受可能会将它掀翻或偏离航线的作用力。在帆船行驶的过程中，龙骨使它在水中保持稳定。

不幸的是，我还没有找到许多明确的方法来培养儿童的复原力。尽管人们都在谈论复原力，但很难找到恰当的资源来培养这种心理能力。你可能会问，孩子是否可以通过经历逆境而变得更坚强？答案是肯定的。一种关于培养复原力的思路是，它只能在真实生活的场景中得到发展。也就是说，通过即时面对困难，我们可以"现场"帮助孩子发展相关技能。而且，当孩子从那场小

挫折中振作起来之后，他们会把这次经验运用到未来遇到的不利事件中。

应急服务专业人员经常通过模拟事件或灾难的发生来磨炼技能。在尽可能接近现实生活的状况下，他们可能会想出原本想不到的解决方案。

纳西姆·尼古拉斯·塔勒布（Nassim Nicholas Taleb）是纽约大学风险经济学教授，他可能会带给我们一部分答案。他说，不该把儿童与所有痛苦的情感经历隔绝开来。塔勒布表示，有些品质在压力下会变得更强大。[2]这些品质是脆弱的反面。由于没有相应的词汇，塔勒布使用"反脆弱"一词，描述人在应对逆境的过程中变得更加强大的现象。例如，骨骼需要经常受到压力以保持其强度；接种麻疹疫苗的儿童在接触到少量病毒后产生抗体，从而降低患上更严重疾病的可能性。有些事物需要与压力源相互作用才能成长和发展。塔勒布使用"兴奋效应"（药理学家创造的一个名词）的概念说明一种现象，小剂量的有害物质可能对有机体有益，起到药物的作用。

谈到复原力，在帮助孩子管理压力和问题的过程中，我们希望他们能够更好地发展出反脆弱能力。反脆弱能力是复原力的重要部分。本书秉持的观点是，"复原力"或"反脆弱"的思维技能是可以构建的。而且，你的孩子需要尽可能在真实的生活中发展这些能力。据说，人们用"接受考验的时刻"来形容在压力之下必须找到解决方案的状况。

第2章 复原力的定义，以及父母的角色

复原力是可以培养的

我们可以用泥瓦匠的工作过程来类比构建复原力的过程。当泥瓦匠涂刷某个位置时，会一层又一层地抹灰泥。每多刷一层，结构就会变得更坚固。

通过帮助孩子发展出思路尽可能准确、恰当的叙事结构，我们也可以帮助他们学会健康的思维方式。如果我们能够帮助孩子们度过困难时刻——帮助他们将不同的应对困难的叙事方式串联起来——他们的内心就会变得更强大。通过一次次的经历和一次次的解决问题，更合理和理性的心理对话得以建立。在这些适应性过程的强化下，孩子们的内心力量将变得更强大。

哈佛大学儿童发展中心最近总结了数十年的研究成果，提出了帮助儿童培养复原力的四个基本要素。[3] 它们是：

1. 儿童需要与生活中至少一位重要成人建立起稳定、关爱和支持性的关系。

2. 儿童需要发展出与他们年龄相符的对生活环境的掌控力。那些相信自己能在一定程度上控制自己生活的人往往表现得更好。一些简单的事务，比如学会整理自己的床铺，能够在很大程度上让他产生对生活的掌控感。

3. 儿童需要培养强大的执行力和自我调节能力。

4. 如果孩子感到自己属于一种信仰或传统文化的一部分，他们会做得更好。

这些个人品质的发展需要时间。孩子可以通过经历挫折并克服困难来建立和发展这些能力。

无人驾驶汽车的例子可以很好地说明能力是如何随经验的积累提高的。它的工作方式是这样的：经过一些基本设置——作为最初的版本，你就可以驾驶它上路了。它们"知道"在红灯亮起时停下，同时与马路牙子保持距离。自动驾驶汽车在进行一种叫作"机器学习"的过程，随着经验的积累变得更加复杂。结合电脑内存中预置的信息，它们积累了更多技能（例如如何避开迎面驶来的汽车）。我相信，你可能认为机器能够学习这件事有点诡异，但重点是，它们从不同的经验中学到了不同的东西，而且，它们可以调整自己。它们需要那些经验，才能自我改善。

为了发展复原力，儿童需要大量的机会去理解生活的压力。他们需要在困难中挣扎的经历，以及成功解决问题后的满足感。如果他们不断有机会承担风险并战胜这些风险，他们将成功地克服焦虑。然后他们便能把学到的经验运用到未来的负面事件中。刚开始培养复原力的时候，你的孩子可能会觉得很难——但这是无法回避的。不过，你可以帮助他们制定正确的流程。

如何教孩子习得复原力？

想要精通任何事情都需要练习——大量的练习。所有关于如何在体育运动中取得好成绩的书都在讲述同一件事：要想精通你的比赛项目，首先需要向优秀的教练学习，接受他们的反馈（所

第2章 复原力的定义，以及父母的角色

谓的"纠正性反馈"），然后练习、练习、再练习。获得纠正性反馈很重要。

大多数体育明星都是从新手开始的。任何一名运动员要想取得成功，都需要长期的承诺和动力。让我们以世界上最著名的运动员之一、网球运动员阿什·巴蒂（Ash Barty）为例。一开始，她要学习具体技能（如何击球、如何使用反手、如何正确发球）。然后，通过重复——持续训练、在一系列的试错后获得纠正性反馈——她变得精通此道。一段时间后，她成为球场上的多面手，可以应对不同状况。她发展出多种技能，最终成为世界冠军。

我想说，阿什·巴蒂不仅是被动接受训练的人，她同时也有"可造之才"的特质。最初，她的教练比她更了解这项运动以及相关的技能。他们可能没有她那么有天赋，但拥有她所没有的某些技能和品质。他们是她的老师：他们为她提供指导，鼓励她。对于阿什·巴蒂来说，毫无疑问，她必须用正确的态度对待训练——她一定也想成功。她必须以开放的心态接受指导，她必须接受可能发生的挫折，但最重要的是，她必须有受训的"意愿"。

我之所以提到所有这些话题，就是想告诉你，你可以成为孩子的反脆弱思维教练！我的工作是把教练所需的具体技能教授给你，这样你就能帮助孩子发展应对焦虑想法和焦虑情绪的能力。然后你还可以让这些技能在孩子的整个人生中发挥作用。为了让孩子建立起具有复原力的心态，你需要在他们感到焦虑的精准瞬

间对他们进行指导，还要反复告诉他们，有解决问题的能力。如果你能做他们的老师并教导他们需要练习的内容，那么当他们在未来面对逆境时，每次都会应对得更好。某种意义上，这种处理事情的新方式——有人称之为培养思维模式——就像教孩子学习一门新语言。你需要学着提出与科学家同样的问题：数据是什么？有证据支持我的想法吗？还有哪些可能的解释？但我有点超前了。在后面的章节中，我将向你展示，如何帮助孩子养成审视自己的想法和感受的习惯，从而减轻他们的焦虑。

相信你自己

为了尽最大努力帮助孩子减少焦虑，接受这样一个观点是非常重要的：就减轻焦虑这类事情而言，你通常比你的孩子拥有更多的知识。就算你没有读过这本书也是如此。首先，你拥有成年人的心理和头脑，而他们没有。你也是正在读这本书的人，你在学习减少孩子的焦虑习惯。这不是精英主义的说法。这只是事实，你比他们经历过更多生活的起起落落。而且，考虑到你的年龄，你比他们拥有更多战胜挫折的经验。

有些父母会陷入自我怀疑，他们怀疑自己的角色，怀疑自己能否对孩子产生重要影响。他们可能会暗自问自己："我是谁，竟能以某种方式影响我的孩子？"在心理学中，这被称为冒名顶替综合症，即你认为自己没有任何资格指导别人做某些事。你感觉自己没有价值或没有能力做一些事情，而这些事原本是你完全

第2章 复原力的定义，以及父母的角色

可以掌控的。我们正在探索一种由家长主导的减轻焦虑的方法，我希望你能充满信心，成为孩子的首席教练。在与孩子的日常互动中，你有能力传授、指导和训练这套技能。

我的另一个目标是为你提供所需的技能组合，以便你可以帮助孩子尽量熟练地管理压力。这就是我所谓的"小游戏"——交给他们一组简单易学的技能（真的，它们并不难），在接下来的时间里复习这些简单的技能。你的训练目标是让孩子最终能够独立管理自己的焦虑情绪。这与心理学家或全科医生提供的治疗方式不同。相反，这是由你主导的一个中期项目。你仍然可以做无忧无虑的父母，也仍然可以做关爱孩子的父母，同情孩子、宽容孩子。只不过，有时你也可以做他们的向导和教练。

经过多年的指导和训练，阿什·巴蒂才成为一名更好的球员。正如巴蒂那样，你的孩子也需要纠正性反馈。当教练处于指导模式时，他们最感兴趣的是教授相关技能——因此他们会尽量保持客观。如果你想成为一名优秀的教练，你就需要成为孩子反应的"客观观察者"，而不是被他们的痛苦过度影响。你需要记住，现在的重点不是你和你的感受，重点在于在那一时刻教会孩子一样技能。作为孩子的教练，你会期望他们认真倾听而不是胡搅蛮缠。即使球员看起来有点不耐烦或不舒服，教练也会继续下去。有时，教练可能需要提醒或要求球员认真听讲。听起来很有挑战性，是不是？在某种程度上是这样的。在后面的章节，我将谈到更多父母在担任孩子教练时感到有些"讨厌"的情况。

接下来，我将描述一种提高情绪控制力的理论，让你可以针对性地帮助孩子。只要你掌握了哪怕一种理论，就可以从中找到行动的方法。理论不仅能为你的行动提供坚实的基础，还会使事情变得简单易行。你只需要跟着理论走！

在许多情景下，你都可以指导孩子并使其长期获益。每次你提出一种基于内部控制点的解决方案时，你都在培养他们的复原力。如果你能理解这样做是在帮助孩子形成一系列思路清晰的心理蓝图，你就走在正确的道路上了！有时，当他们正在面临问题时，你的帮助将以"支持性存在"的形式出现。在其他时候，你将以"离线"的形式教他们如何管理恐惧或不安全感。

小结

- 你可以帮助你的孩子培养情感力量，但他们需要在现实世界中的磨炼来克服逆境。
- 复原力是可以培养的。
- 虽然孩子的理解能力会随着不断成长而提高，但你依然需要帮助他们学习如何减轻焦虑。

第3章 一些为你赋能的理论

如今，养育子女比从前更加复杂。在做了很长一段时间的父母兼心理学家后，我对父母的世界发生的变化有了一些见解。比如，与上一代父母相比，现在更多父母希望自己能做得"正确"，用几乎完美的标准要求自己。与此同时，我们对含蓄的批评也变得更加敏感。现在的父母还有分享照片的习惯：现在我看到越来越多的父母要求自己每周七天、每天二十四小时展示出完美家庭的形象！"我只是希望我的孩子快乐"，父母们说。如果每次听到父母们说这句话我能得到一美元，我会因此成为富翁。还有一件事：在当今的社会氛围中，父母们更容易受到他人评判的影响。我发现有越来越多的父母感到自己受到了评判。

在这些情况下，你可能会不确定该怎么做。这时候，一套简明的理论确实可以帮你化繁为简，还可以让你在缺乏自信的时候找到关注点。如果在孩子焦虑的关键时刻你可以遵循某种理论，你就会减少对感觉的依赖。我并不是说感觉不重要，它们很可能是重要的。我想说的是，当我们评估正在发生的事情时，感觉不是一个可靠的标准。如果只凭"感觉"来指导行动，你的言行很可能会不一致或不稳定。对于需要一致性的孩子（顺便说一句，大多数孩子都需要）来说，这可能代表不可预测性。

我们每个人都会有感到失控的时候。如果在应对孩子的焦虑习惯时，有一个强有力的"理论"灯塔来指引你的路线，你会在感到失控的日子里获得指导。如果没有一套理论作为支撑，你最终可能会受到以往的养育方式的影响（通常是无意识的）。那种养育方式可能是好的，但并非总是如此。

丹尼尔·戈尔曼（Daniel Goldman）说过，儿童要学会调节自己的情绪，需要完成三项任务：识别情绪、追踪情绪、管理情绪。这三者是有先后顺序的：如果没有完成前两项任务，你就无法完成最后一项任务。在复原力领域，我最喜欢的另一位作者是心理学家琼·罗森伯格（Joan Rosenberg）。她说，儿童先学会监控情绪，然后学会调节情绪，从而改变情绪。

儿童可以学会改变对事件的情绪反应。但要做到这一点，他们首先必须能够监控和调节情绪——你看，这是有先后顺序的。如果没有完成前两步，就无法完成最后一步。

案例研究：特拉维斯的故事

我曾经受邀为法庭听证会准备一份报告，报告的主人公是12岁的特拉维斯（和他的母亲）。这份报告用以确定他是否应该重新由母亲抚养。我的任务是通过采访特拉维斯评估他的自我调节

第3章 一些为你赋能的理论

能力。

从这个案子的案卷中可以清楚地看出，特拉维斯的行为相当暴力。我了解到，在过去的5年里，特拉维斯生活在儿童保护系统的机构。在此期间，他多次被学校停课，并曾对他的母亲、老师和校长使用暴力。因此，法庭针对他颁布了三项暴力逮捕令。特拉维斯被诊断患有对立违抗障碍和自闭症。我见到了特拉维斯，在采访中我试图与他讨论最近一次他和老师之间发生的争吵。当时，他勃然大怒，殴打了他的老师，下面是采访的内容。

我：所以，特拉维斯，我在这份报告中读到（我指着一份报告，让特拉维斯看着），你几周前打了你的老师。我想和你谈谈这件事，事情是在哪里发生的，又是如何开始的？

特拉维斯：在教室里。老师想把我的iPad拿走。

我：你对此有什么感受？

特拉维斯：我不想让她把iPad拿走。

我：好的。也就是说，你不想让她拿走你的iPad。这是你的回答。但我问的不是这个。我想知道你对她要拿走你的iPad有什么感受。

特拉维斯：我不知道。

我：（我看着特拉维斯，说了略带挑衅意味的话）特拉维斯，你感到高兴吗？

（特拉维斯向我吐口水）

特拉维斯：别傻了！我没有感到高兴！

我：好吧，那告诉我你的感受吧。我想知道你的感受如何。

特拉维斯：（特拉维斯皱起脸，对我咆哮）我很烦，好吧！

我：酷，好吧。那么，接下来发生了什么？

特拉维斯：老师径直向我走来，她想把我的iPad拿走，我不想给她。

我：好吧……你当时感觉怎么样？

特拉维斯：（他再次疑惑地看着我，皱起脸，脱口而出）这太愚蠢了！我们为什么要这样做呢？！

我：（我靠得离他更近一点，压低声音，语气低沉，看着他的眼睛）好吧，我很想知道你的感受。

特拉维斯：（特拉维斯低下头，他的表情表明他非常不自在）我说过了我不想让她拿走它！

我：这我知道，但请告诉我你当时的感受如何。

特拉维斯：（皱起脸）我不知道。我很恼火！

我：所以，你从烦躁变成了恼火……然后呢？

特拉维斯：她不该想要拿走它！

我：我明白了——你不想让她拿走你的iPad。但接下来你有什么感觉呢？

特拉维斯：她让我"真的"很生气。

我：你从烦躁到恼火再到生气——然后发生了什么？

特拉维斯：啊！我失去了我的iPad！我总是被这样对待！

第3章 一些为你赋能的理论

在任何旁观者看来，整个过程简直就像拔牙一样。然而，我所做的事是我对特拉维斯进行评估的一部分，我要确定他是否能够发挥一定的自我控制能力。我想知道特拉维斯是否有能力用一些词语描述他的感受。在报告中，我的工作是就特拉维斯是否可以回归家庭以及在什么情况下可以回归家庭向法院给出意见。其中一项工作是评估特拉维斯是否可以恢复正常，不再像过去一样暴力。

你看，在这个例子中，特拉维斯有一定的能力识别自己的情绪——你可能还记得，戈尔曼谈到过这一点。罗森伯格将这种能力称为监控情绪的能力。特拉维斯对此并不擅长，他也不擅于控制自己的反应。过去他没有接受过相关训练，但这并不意味着他不能改进。我从特拉维斯那里了解到的重要信息之一是，虽然需要外力的推动，他还是能识别出一些情绪的。这看起来似乎是一件小事，但这是我评估他是否有能力练习自我控制的第一步。他需要训练——最正面意义的训练——但他已经表现出了一些应付自身情绪的能力。

现在来回顾我与特拉维斯谈话时的表现，由此我希望你能像我一样思考问题。我不是在夸奖自己，但你可能已经注意到，尽管特拉维斯对我的态度粗鲁且具有攻击性，但我并没有表现出不安。对我来说，保持冷静并以我的方式主导谈话很重要，我要观察特拉维斯能否运用"情绪"语言。特拉维斯是否喜欢我不重要，我要允许他不喜欢我，这样我才能让他完成这项工作。

我的评估过程是通过向他提问进行的——正如你所看到的，这些问题让他感到不舒服，但也凸显了他处理自身情绪的能力有限。我这样做并不是为了残忍地对待他。相反，我是在为特拉维斯"保留空间"（既没有让他完全放心，也没有远离他）。我想看看特拉维斯是否能够忍受一些挫折，这样我就可以就他接下来的康复方案提出正确的建议。考虑到特拉维斯的家庭史，他缺乏良好的控制力——至少他的控制力是不足的——来抵消他的情绪反应。在他的家庭里，他从小就学会了如何与母亲争吵。没有人认为他能控制情绪。你会记得他说过："我总是被这样对待！"这是他刻板反应的一种表现。这意味着他相信自己别无选择，只能失控。他当然还有其他选择。当老师问他要 iPad 时，他是可以改变自己的愤怒反应的。但事实是，在某种程度上，他选择不去改变。

塔勒布谈到，通过应对不同情况获得一系列"具体经验"，可以提高反脆弱思维。与之相似，儿童能够从一些不舒服的感受——甚至是痛苦的感受中获得技能。特拉维斯不习惯压抑任何痛苦的情绪而不表现出来。如果在生活中有人曾经教会他忍受一些不适，他可能会得到帮助，控制自己以及情绪的爆发。

我特别喜欢罗森伯格书中的一个观点，她说，感觉（无论是好的还是坏的）是能量的一种形式，能量可以有多种形式。但她所说的能量指的是海浪中蕴含的能量。海浪会上升到海岸线。随着能量的减少，海浪最终会消退。这是一个重要的比喻。她说，情绪的持续时间通常不会超过90秒。然而，为了培养复原力，我们需要习惯于驾驭情绪的波浪，并帮助孩子们学会这项技能。虽然看起来会有些不舒服，虽然我们倾向于把他们从负面情绪中"拯救"出来，但如果想要发展他们的复原力，帮助他们驾驭这些情绪波动就很重要。

在后面的章节中，我将向你展示帮助孩子改善情绪的过程，特别是如何帮助孩子应对强烈情绪——包括焦虑——最终（用为他们保留空间的方式）让他们能够应对焦虑。对于父母来说，这个过程中最困难的部分在于，在你看着孩子苦苦挣扎、一脸愁容或者表现出不适时，你不去介入其中拯救他们。

让自己不要过度反应

看到孩子在强烈的情绪中挣扎，任何父母都会感到痛苦。大多数人面对特拉维斯这样的孩子，可能会想分散他的注意力或者对他发火，你也可能想试着跟他讲道理。人们容易做出的反应是，介入事件解决问题，或是大声训斥像特拉维斯这样的孩子。相反，不做出反应要困难得多。

正如我之前提到的，当孩子焦虑时，你可能很想保护他们或是改善状况，而不是看着他们难受。有时候，你的介入确实可以让焦虑的孩子感到安心。对孩子来说，太多安慰或是替他们解决问题的唯一弊端是，孩子无法学会依靠自己的聪明才智解决问题或掌控自己对情绪的反应,而这些能力对于儿童复原力的发展是非常重要的。

看着孩子遭受一些情感上的痛苦可能并不全是坏事。如果你不介入其中,并不一定意味着你缺乏爱心,冷漠刻薄。很多时候孩子会经历负面事件,例如接种疫苗。眼看着孩子受苦是艰难的,但你知道你正在做一件对他最有益的事。

这就是我对特拉维斯做的事。如果你的孩子正在经历焦虑反应,你可能需要这样做:为他们"保留空间",从而帮他们学会如何控制焦虑。请记住,当特拉维斯向我做鬼脸并表现出不适的时候,我并没有受到影响。话虽如此,我毕竟不是他的父母。当然了,如果我是他的父母,我可能会妥协或是对他发脾气,为的是让他从坏情绪中走出来。作为父母,你需要克服自己介入其中的冲动。为了成功帮助孩子克服焦虑,你需要把自我放在一边并对自己说:

这不是我的事。我知道他们感觉很不好,但是,如果仅仅是安抚他们,并不符合他们的最佳利益。我需要帮助他们发展情感力量,达到这一目标的最好方法是让他们亲自体验痛苦的情绪,继而成功地管理自己的情绪。

在下一章中,你将了解到一些关于焦虑如何运作的基础知识。如果你能了解焦虑在大脑中运作的一些基本要素,你就可以帮助孩子克服焦虑。他们可以学会一些技能,成为焦虑情绪的"主人"。

第3章 一些为你赋能的理论

> **小结**

- 使用一套理论有助于你进行自我引导,支持孩子识别、追踪和管理他们的情绪。
- 通过为特拉维斯保留空间,我得以引导他使用一些词语描述自己的感受。我并不想残忍地对待他,我是在尝试评估他管理情绪的潜力。
- 当面对这种程度的对抗时,人们很容易退缩。试着坚持下去,尽量不要被孩子的挣扎所影响。

第4章 关于焦虑的基础知识

很久之前,准确地说是2005年,我所在地方的青少年足球俱乐部邀请我担任由12岁以下的女孩组成的足球队的教练。我自己的女儿也在这支球队里。我小时候从未踢过足球,但我打过橄榄球,而且我知道如何进行团队运动。作为一名新手,我知道我的教练懂得比我更多。我知道如何扮演自己的角色,也知道游戏有一定的规则。

我并不了解足球运动的具体技能——更不用说如何指导一支足球队了。所以,我花了两个周末在"足球训练营"中接受了作为一名教练的基础训练,还观看了一些培训影片。我对学到的内容感到惊讶:如何用恰当的方法踢球以使其保持在低位,如何让球停在特定位置从而控制它。我学会了如何顶球不会伤害头骨,我还学会了新的游戏规则,这样就可以帮助女孩们利用这些规则来发挥自己的优势。通过学习这些做教练的基础知识,我成了一名比参加训练营之前更好的教练。

在本章中,我会把关于焦虑的基础知识教给你:焦虑在大脑中如何运作，以及焦虑如何得到控制。我并不期望你接下来去研究心理学，或是懂得如何应对焦虑症儿童出现的问题，但我确实想帮助你了解焦虑在儿童大脑中运作的一些基本规律，这样你就可以成为孩子"大脑"的教练。你可能想不到，或许这些知识也能帮助你管理自己可能经历的焦虑情绪。

压力与焦虑并不相同

上大学的时候，我从《心理学101》中学到的第一个知识就是压力会影响每一个人。给我们带来压力的事件被称为"压力源"。虽然每个人都面临压力，但有些人能比别人更轻松地应对压力。一些事情会引发我们的身体反应。我们感到害怕，甚至惊慌。当心跳加速时，我们会尽量远离看起来危险的事。不同的人面对同一事件，会受到不同的影响。同样面临某种情况，一个人可能感到焦虑，另一个人则完全不会。既然你正在阅读这本书，那么你的孩子很可能是第一类人。而且，你需要记住一点，考虑到孩子的年龄，他们很可能会对一些你不会感到担心的事感到担心。你可能想告诉他们不要担心，然而，在特定时刻，这可能不是最好的做法。我将告诉你，怎么做才能在当下帮助孩子控制焦虑，并且让他们在未来的压力时刻更好地管理焦虑。

首先，焦虑发生在大脑中的两个特定区域：一个区域让我们产生焦虑思维，另一个区域让我们产生恐惧感。如图4-1所示。

第4章 关于焦虑的基础知识

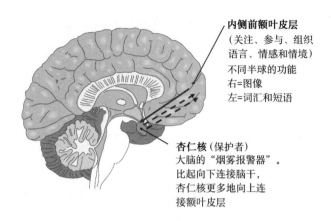

图 4-1 理解大脑

我们的思维大脑

大脑的前部区域称为内侧前额叶皮层，也就是通俗意义上的"大脑"。它是大脑大部分神经元"线路"连接的地方。它就像飞机的驾驶舱，控制飞机的不同部分。大脑的工作是帮助我们关注、参与和组织我们的情绪反应。

在前额叶皮层的左侧，有一块区域负责使用词汇和短语来描述发生的状况。我们希望孩子能用词汇和短语准确地表达他们的经历，但情况并非总是如此。如果面对逆境，他们习得了扭曲的反应方式，那么他们的大脑会使用错误的叙述线索来描述场景。

即使作为成年人，我们对事件的情绪反应也不一定总是经过深思熟虑的。但孩子有时考虑得会更加片面，因为他们的大脑还不成熟。孩子们用来描述无生命物体的语言较少，例如在环境中看到的事物。孩子们使用"一个""两个"这样的词来描述他们看到的物体的数量,使用"红色""蓝色"这样的词语来描述颜色。这没什么问题,但当需要表达感受时,事情就变得有些复杂了。在情绪层面上,他们可能会使用基本的词语来描述自己的感受:悲伤、生气或糟糕。例如,你的孩子可能会感到担忧,却不知道如何控制担忧。他们可能还没有学会足够多的词汇或短语——作为内心的语言——这些语言能让他们从不同角度看待事物,或是帮助他们考量自己将在多大程度上被压力源影响。他们未来能做到这一点,但需要一段时间。

认知扭曲

问题是,即使是成年人,前额叶皮层的左侧区域也会出现错误。这些错误信息随后会在一个人的脑海中重复出现,成为他们面对挑战时首选的词汇和短语,并会导致焦虑的发展。对于儿童来说,这些思维方式可能会成为习惯。如果这种情况确实发生了,我们就可以说孩子出现了焦虑问题。这些错误的语言标签被称为认知扭曲。认知扭曲不是件好事,它会让我们非常不快乐!当我们的大脑发生认知扭曲时——一遍又一遍地误解某件事——最终大脑会相信错误的结论。我们描述事物的方式变成了我们相信的事实!这就是我之前提到的思维的叙事线索。我们与自己的对话很重要。事实证明,孩子用什么样的语言描述自己遇到的困难是很重要的。我的妻子是一所高中的教学辅导老师。她告诉我,她班上的一些男生会习惯性地对她说:"我很笨"。当遇到很困难的事情时,他们会脱口而出:"我很笨"。我们组织信息的方式可以代表我们的感受方式,但它不一定能准确地代表现实。

还有其他的情况。在实践中,我也见过一些孩子出现"大脑锁定"的状况,他们已经养成了固化的思维方式和行为习惯,就像特拉维斯那样。他们的反应显得刻板,无法忍受挫折,而且,他们的行为方式经常让自己陷入麻烦。不过,还有一些孩子出于对未知状况的恐惧会坚决地说"不":"不,我不想在后院打板球。""不,我不能在全班同学面前演讲。""不,我不去。"

当社会层面有一些扭曲信息存在时,孩子们将受到负面影响。我们所处的社会文化可能会向我们(包括我们的孩子)传递夸大且不准确的信息。因此,不难理解为什么儿童和青少年会在耳濡目染中受到影响。

澳大利亚心理学家尼克·哈斯拉姆(Nick Haslam)表示,抑郁和焦虑等术语的使用门槛不断降低,适用范围在不断扩大。[1]降低心理健康问题标签的使用标准,用来描述普通心理压力,可能会增加遭受心理问题困扰的人数。因为这会产生一种循环效应:如果一个人被贴上错误的标签,他的行为会因此发生相应的改变,变得符合"自我实现的预言"。所以,如果一个孩子习惯性地说"我做不到,我很焦虑",无论有没有得到诊断,这都会成为一个自我限制的标签。

面对这样表达的孩子,成年人通常不愿意推翻他们的说法。因为这样做看起来像是在质疑孩子的感受或是对孩子的感受麻木不仁。

当大人不同意孩子的观点时，孩子经常会说"你不理解我"或是"哦，我很痛苦"。任何有理智的成年人，都会为了避免轻视孩子的感受（这意味着你麻木不仁）而退缩。因此，当家长和老师面对一个已经准备好所有正确的"台词"来阻止任何人挑战自己的儿童或青少年时，会感到很为难。

我能理解，大龄儿童或青少年在某些时候想要表现出特别戏剧化和夸张的情绪，但我认为不应该任由情绪化推理和灾难化的思维方式泛滥。我们不鼓励也不允许青少年吸烟、饮酒、驾驶或违法。同样，当我们看到他们正在发展出错误的心理习惯时，也应该有同样的态度。我们需要帮助他们发展更具适应性的思考方式——特别是当他们身处逆境的时候。请记住，并非所有事件的严重程度都有9分——因此，不是每件事都是"可怕的""伤害巨大的"或者"所谓的世界末日"。当我们使用更准确、更恰当的语言时——我们学着这样做——通常可以解决问题，而不是被情绪淹没。

让我们看看孩子们最容易出现的五种认知扭曲。

· 情绪化推理，是指当我们"觉得"某件事是坏的，便凭这份感觉推断这件事一定是坏的。这意味着你在用感觉思考。我们不曾认真细致地考量这件事本身，而是用感觉代替思考。一旦孩子陷入把感觉作为理解事件的过滤器的恶性循环中，便很难突破这种习惯。

- 否定正向经验，指的是我们更关注事情出错的一面，而不是全面地看待事件。例如，你在做一场报告，刚开始时你有点紧张。不过，一旦报告开始，你就会克服紧张，接下来的报告就会按计划进行。如果你否定正向经验，那么，你可能会让开头的小问题影响你对整场演讲的评价。

- 读心术，是指我们自以为"了解"别人的想法，却没有任何证据可以证实这种信念。假设你的朋友没有邀请你参加聚会，你可能会认为她不喜欢你。其实你并不能肯定这一点，但你会直接得出这个结论，好像这就是事实一样。

- 全有或全无思维，指的是将某件事视为绝对的好事或绝对的坏事——中间没有灰色地带。涉及你自己时，你可能会认为"我是一个失败者"或"我没有一点希望了"。涉及某种情况时，认为情况"极其糟糕"或者"完全是在浪费时间"。

- 灾难化思维，指的是人们用夸张的词汇或短语来描述一种可能具有挑战性但其实基本可控的情景。当孩子们使用"太可怕了"或"我受到了很大的伤害"这样的话来描述某种状况时，他们可能高估了事件的糟糕程度。如果他们习惯使用此类语言，那么当他们面对很轻微的负面情况时也会习惯性地做出这样的反应，而且，这种处理方式可能会成为他们习得的性格。

未解决的认知扭曲会影响儿童解释自己遇到的困难和挑战的方式。认知扭曲的人不会说"这只是一个问题，我可以解决这个问题"，而是默认选择习惯的思维方式，这些思维方式会导致他们产生高回避倾向，变得不情愿或优柔寡断。

在内侧前额叶皮层中，我们（包括成人和儿童）有明确的编码或存储信息的路径。你可以将其看作在电路板上设置的语言脚本或线索。如果这些信息的设置是错误的——并且事件总是被错误解读——这些错误的叙事结构会演变成焦虑问题。错误的心理对话之所以是错误的，是因为它们不准确，更不理性。焦虑的习惯往往会不断累加。孩子使用的短语和词汇在他们的脑海中"建造房子"。如果随着时间流逝这种情况频繁发生，孩子就会养成不良的思维习惯，甚至出现焦虑症。一旦我们的思想在我们的脑海中铺设了"轨道"（想象一条破旧的乡村小路），这些轨道会成为我们面对逆境时选择的默认路径。

与上述的认知扭曲类似，马丁·塞利格曼表示，"焦虑"的青少年首选的三条轨道是：将事情变得个人化（例如："这是我的错"或"我太丑了"）；认为事情具有永久性（例如："我永远不会有多大成就"）；认为事情具有普遍性（例如"所有女孩都讨厌我"）。[2] 塞利格曼说，出现这些认知扭曲的青少年会开始相信他们的自我评价。他们以错误的认知进行错误的思考。我们将在后面的章节继续讨论认知扭曲以及应对的方法。

大脑皮层的另一侧以图片或影像的方式思考。它能看见画面！在我们大脑皮层的右半球，我们"想象"事物。同样地，如果我们的想象力"失控"，我们可能会想象出最坏的情景。我们可能会过度想象尚未发生的事情。记得当我还是个孩子的时候，我的祖母常常对我说:"不要杞人忧天,迈克尔。"她的意思是,不要过度想象尚未发生的事情。这是很好的建议,你不觉得吗?我的祖母真的很敏锐!

大脑的额叶区域可能会陷入困惑,这意味着大脑皮层可能无法恰当地判断事情的严重程度。它也可能在尝试解决某些问题时"用力过度"。这种反复回顾事件的心理过程被称为"循环思考"或"反刍思维"——这对一些儿童和年轻人来说是一个大问题。反复思考一件事却无法获得任何有益成果会令人感到痛苦。如果反复思考的是未来的事,我们称这种状态为担忧。

孩子的警报系统

在本章中,我们要对焦虑的基础知识做一个概述。因此,我要向你介绍大脑中产生焦虑的另一个区域杏仁核(请设想烟雾报警器响起的声音)。大脑的这一部分有先打击目标后追问原因的习惯。杏仁核的特殊任务是,当我们看似面临迫在眉睫的危险时保护我们。它在行动时是不假思索的,因为生活中有时我们需要迅速远离威胁。杏仁核是我们内置的保护者,它的原则是安全总比后悔好。它是"古老大脑"的硬件。当杏仁核的"警报"被触发时,它会释放一种名为肾上腺素的激素,让我们的心率加快,瞳孔放大,身体冒汗,大肌肉群为行动做好准备。很久以前,杏仁核对于我们的生存发挥着更为关键的作用。那时候,我们更容易遇上野生动物或掠夺性的入侵者,我们的"保护者"扮演着决定

"战斗或逃跑"的重要角色。它不需要任何解释，它只是立即采取行动。有些事情需要即刻执行！

杏仁核位于我们双耳之间的中心位置（实际上有两个杏仁核——左右半球各一个）。当我们感知到某种情境与过去经历过的危险（比如我们过去被狗咬过）高度相关时，杏仁核会被触发。像烟雾报警器一样，杏仁核也可能会在错误的时间响起，例如当吐司烤焦时。要正确看待儿童处理从杏仁核收到的恐惧信息的能力，对于这些信息，他们只有部分的控制力，另一方面，他们依赖与父母之间形成的依恋系统来应对这些信息。

从发展的角度来看，孩子们在处理杏仁核恐惧事件时面临着双重劣势。首先，他们的杏仁核与大脑的联结还不成熟。其次，他们还不具备在没有父母帮助的情况下让杏仁核平静下来的能力。与成年人的杏仁核相比，儿童的杏仁核更容易在错误的时间启动，而且儿童的思维也没有成年人复杂，因而他们无法像成人那样抑制恐惧。作为成年人，我们可能会在某个特定时刻感到惊恐，例如在海滩上被巨浪卷倒。如果这种情况发生在你我身上，我们会运用理智搞清楚发生了什么，很快恢复状态。我们恢复冷静的速度与产生惊恐的速度一样快。海浪过去了，我们毫发无伤："哟！刚才海浪离我好近啊。"

另一方面，孩子可能会害怕成年人不会害怕的事情，比如怕狗。他们还没有像成年人那样安装好恢复平静的"芯片"。我们需要区分杏仁核引发的恐惧和大脑皮层引发的焦虑，主要的原因是，当我们运用管理焦虑的技术时，明确焦虑的来源有重要的意义。如果我们了解两者的差异，我们就可以使用正确的技巧来帮助孩子"恢复平静"。

我们还需要了解，杏仁核和大脑皮层这两个区域通过大脑中被称为"纤维束"（fasciculi）的远程通路连接。有从大脑皮层通往杏仁核的向下传导通路和从杏仁核通往大脑皮层的向上传导通路。这些通路在成年人的大脑中更加稳固——也可以说是更加根深蒂固——这意味着成年人之间可以更有意义地交流。在儿童中，自上而下从大脑皮层到杏仁核的通路并不像成人那样发达，所以儿童不能很好地用语言应对自己的恐惧状态。孩子可能正在经历恐惧，但他们可能不会像成年人那样通过自我对话来控制恐惧感。孩子还没有发展出以"第二人称"的方式对自己说话的能力。举一个例子来说明我所谓的"第二人称对话"。我的朋友凯西70岁了，她告诉我她感觉有些低落，"你知道的，迈克尔，我只是需要好好跟自己谈谈。我对自己说：'凯西，你很幸运。你有健康的孩子和孙子，你没有流落街头，你有钱生活。没关系，你没事！'"这是凯西以第二人称与自己对话的例子。她最初有悲伤或低落的情绪，但她很快超越了自己的感受，用一种其他人可能不会使用的方式。从某种意义上说，她用"居高临下"的态度对待自己。在心理学中，凯西的做法被称为"拉开距离"：她对自己说话，就好像自己是另一个人一样，我们应该提醒孩子经常使用这种方法。我将在本书第三部分详细介绍这种方法以及其他心理技巧。

　　这项能力，你的孩子不太可能已经发展完善，原因很简单，他们还是孩子。这基本上是成人才能做到的事情。尽管如此，你还是会看到学龄前儿童做这样的事。有时他们甚至会虚构出一些朋友与自己交谈。稍后，我们将讨论面对不利事件时学会"三思而后行"的重要性。我们需要教导孩子，第一想法和第一感觉可能是不准确的，或者是与事情的严重程度不符的——特别是当这些想法和感觉伴随着强烈的生理反应时。如果他们已经形成了许多看待事件、状况或场合的扭曲认知，在面对正常情景时也会产生恐惧，那么他们可能需要进行一次认知大扫除，去除那些在他们的思维中造成偏见的问题和缺陷。这就是你的用武之地，你可以利用你成熟的力量来引导、促进，甚至指导他们的思维方式。我们已经知道，我们要做的并不是让他们放心，而是成为他们的教练和心理激励者。

不同的马匹用不同的训练方式

　　事实上，从杏仁核通向大脑皮层的通路更加密集，这意味着我们的恐惧反应可以压倒我们的理性反应。你能看出问题的所在吗？这意味着我们体验到的恐惧将比我们愿意经历的恐惧更多。有时，我们会尝试用我们的思想来"抑制"恐惧，这可能是非常有挑战性的。真是件麻烦事啊！

　　如果你知道每条通路是如何运作的，你就可以帮助孩子以更

第4章 关于焦虑的基础知识

具适应性的方式应对事件。与大脑皮层不同，杏仁核不是"理性的"，它不擅长思考！对于孩子来说，杏仁核影响的重心是他们的身体而不是头脑。当杏仁核引发孩子的恐惧时，仅仅告诉孩子换种思考方式是行不通的。同样，要求受惊的孩子冷静下来或是宽慰他们也不一定会有效。

人们为了让孩子平静下来所作出的善意的、符合逻辑的反应——比如让他们放心——可能并不是帮助身处恐惧的孩子的最佳方案。相反，治疗恐惧引发的焦虑并让孩子学会平静的方法是，让他们做一些能让身体平静下来的活动。我们将在第三部分了解这些"身体复位"技术。

目前，你需要知道的是，孩子的大脑中有两个区域会感到焦虑，而且每个区域需要的安抚策略是不同的。

在下一章中，我们将仔细讨论风险。我们将观察儿童面临的"真实"风险与"想象"中的风险。我认为，与我的孩子小时候相比，现在的父母让孩子经历风险的意愿更低了。这对儿童的心理健康发展可能是一个问题。面对不确定的事物，选择安全第一是常见的。有些人可能会说，我们太注重儿童的安全，以至于他们没有机会做冒险的事了。冒险对孩子来说很重要，他们会从冒险中学到经验。

你是否知道，与河水中散养的表亲相比，养鱼场饲养的鲑鱼如果随后被放回河中，可能会更快死亡？养鱼场饲养的鲑鱼是"天真的捕食者"。也就是说，当它们在过于安全的环境中受到过度保护时，它们将不知道如何在自然环境中生存。如果在自然环境中长大，它们将学会三件事：远离河岸，因为熊会试图捕食它们；远离鳕鱼，以免被吃掉；远离浅滩，鱼类也需要融入集体保持安全。学会了这三件事，它们就能活得更久，不被吃掉！[3]

小结

- 任何人都会因压力源的存在而产生情绪反应，只不过面对相同的压力源，不同的人有不同的反应。
- 我们对事件或情况的评估可能准确，也可能不准确。如果不去检视扭曲的认知，焦虑就会加剧。
- 搞清楚焦虑的来源有助于我们使用正确的技术来应对这种焦虑。

第5章　我们可以允许什么样的风险发生？

我们已经知道，当我们回应正在体验焦虑情绪的孩子时，重点在于如何在关键时刻保持镇定。如果我们把某件事看作是有风险的，我们会提前介入从而防止"坏事"发生。而客观上，实际的事件可能并不"糟糕"或危险——然而，我们会发现，自己还是会介入其中保护孩子，因为如果我们不这样做，可能会觉得自己对孩子过于刻薄或疏忽了他们。我理解这一点，我们想保护孩子免受危险。但问题在于，我们对某些特定的状况过于警惕，以至于搞不清该让孩子做什么，不该让孩子做什么。

可以确定的是，我们认为对孩子来说有风险的活动变多了。当我的孩子（现在他们分别是不到30和30出头的年纪）上学前班时，他们可以爬树，玩打闹游戏。从七八岁起，我和妻子就允许他们在附近骑自行车，去滑板运动场玩，自己步行到街角的商店。可是，据我所知，现在人们对这种行为越来越不放心。在澳大利亚的一个州，为了防止发生意外，法律规定12岁以下的孩子不能步行上学。

天啊，事情怎么变成这样了！我父母曾经的做法完全不是这样的。放学后，父亲并不担心我和兄弟们在哪里，只要我们在路灯亮起之前回到家就行。我母亲不知道我在哪里，也不知道我在做什么。这是否意味着我的父母是疏忽大意的？我不这么认为。那个时代比现在安全吗？我仍然不这么认为。

但是，如果所有这些新近产生的担忧（来自我们的）有损孩子的身心健康怎么办？因为更多人在同一件事情上看到更多的风险，所以他们拒绝让孩子去冒险。这种做法对孩子和我们来说都是有代价的。意识到我们对"风险"的看法受某种社会背景的影响是很重要的。如果我们认为，冒险行为会受到自己的朋友甚或更广泛的人群的反对，我们通常不会采取这些行为。与上一代人相比，我们这代人似乎对他人的评价过于敏感，以至于变得厌恶风险！事实上，我们可能会让孩子对一些事情产生不必要的紧张。我并不是唯一一个这样认为的人。

乔纳森·海特（Jonathan Haidt）和格雷格·卢金诺夫（Greg Lukinoff）在他们的著作《娇惯的心灵》(*The Coddling of the American Mind*)中表示，"安全主义"文化让孩子们变得更加焦虑。他们表示，过度保护的文化不仅出现在个人层面，而且现在已被写入法律。

"一种允许'安全'的概念过度蔓延，以至于将情绪不适等同于身体危险的文化，是一种鼓励人们系统地回避人类所需的日常经验的文化。而这些日常经验，能让人变得坚强和健康。"[1]

心理学上有一个概念叫作"可得性偏见"，指的是当危险被我

第5章 我们可以允许什么样的风险发生？

们看到时（比如，所有的报纸头条上都刊登着儿童失踪的消息），我们会认为这种危险更有可能发生在我们身上——即使从统计学角度来看这种情况发生的概率很小。可得性偏见是一种心理捷径，我们根据某件事曾经发生过的记忆的易得性来判断这件事发生的可能性有多大。如果孩子的表现不合常理，你首先想到的会是电视中的画面或是超市中其他人"刀子"般的眼神。在这种情况下我们该怎么办？大多数人都会行动起来保护孩子，或是阻止那些引起他人"刀子"眼神的行为。就好像，如果你不能一直保持谨小慎微，就可能被扣上不负责任的帽子。儿童保护机构和媒体告诉家长，他们必须以特定的方式照顾孩子，以免被视为疏忽大意。这些提醒虽然是善意的，却为家长带来了育儿焦虑。

那么我们的处境是怎样的呢？我们是否只需要让孩子自由自在，做更多冒险的事？如果我们对孩子的冒险行为不加干预，我们会被视作疏忽大意吗？当其他人认为我们应该采取行动保护儿童时，我们是否会因为没有采取行动而被追究责任？

除非孩子获得解决现实生活问题的实际经验，否则他们不太可能发展出情绪复原力。还记得塔勒布说过的话吗？"一些能力在经过考验后会变得更完善、更强大。"

对于你自己来说，如果你经过思考，认为孩子爬树或单独去商店的风险很小，就要学着对他们"漠不关心"。

重要的是要制订一个计划，确定在什么情况下你会采取行动保护他们或是真正为他们担心，以及在什么情况下你不会这样做。写下这些内容能避免你无意识地采取行动。区分哪些事件风险很大，哪些事件风险不大，能帮助你控制自己的反应。这就是我们现在要做的。这项工作是你在本书中要完成的最重要的工作之一，所以让我们花点时间来研究如何正确地完成它。

如何对风险进行分类

我们可以根据下列步骤对风险进行分类：

1. 用一周左右的时间观察孩子的行为/活动。努力观察到至少六种行为/活动。

2. 现在与重要的家庭成员讨论孩子的行为/活动。你们认为，这些行为/活动的风险属于第几级？行为/活动的三个类别分为别是：可接受的小风险，对此你什么也不需要做（例如，在厨房里用刀）；风险不太大的行为，对此你可以做好预防措施（例如，在朋友家过夜）；以及不可接受的风险，对此你的回应是"不"（例如，不让你11岁的女儿参加无人监督的青少年派对）。如图5-1所示。

图 5-1　有风险的行为的分类

第5章　我们可以允许什么样的风险发生？

3. 现在根据上一步的讨论结果，把你观察到的六种行为／活动分类填入如表 5-1 所示的三栏表格中。

表5-1　行为/活动分类表

可接受的小风险——忽略	风险不太大的行为——做好预防措施	不可接受的风险——明确拒绝

你可能希望了解你的反应与其他家长有何不同。让我们看看我培训过的一些家长是如何填写表格的。但首先我要说明的是，如果你发现这项练习很难做，也很正常。这个分类任务可能确实很困难，因为大多数父母都倾向于规避风险。要判断什么是"可允许"的风险，什么是"不允许"的风险是很困难的。

当然，你允许孩子做什么以及不允许他们做什么也取决于他们的年龄。你不会让 4 岁的孩子自己过马路去商店,但你可能会让 8 岁的孩子这样做。你也不会让孩子在你和伴侣的争吵中站队,你会希望私下解决这类问题,避免孩子听到父母争吵。

　　风险分类练习的关键在于明确孩子们需要承担一些风险——而且这是对他们有好处的。但显然,在某些情况下,你需要保护孩子免受伤害。对于风险很小的事,你需要练习保持冷静!对于风险偏大的事,你需要说"不"。还要记住,你认为可接受的事项会随着孩子的成长而改变,因此你需要定期重新评估和修改你的风险预期。

　　当你写下这些活动,你会积极主动地考虑风险分级,并且会对自己的选择更有觉知。这个过程将帮助你更加自动化地判断哪些风险可以忽略不计,以及哪些活动需要采取预防措施。一旦你意识到某件事的风险很小,你就可以控制自己介入其中的冲动。这时候,你的自我对话很重要,可以避免你被感觉影响。我知道有时生活会很忙碌,但在一些时刻你必须与自己好好谈谈。你需要提醒自己,"这次我不需要插手;如果我给她空间,她自己会解决的"。

　　列出一份清单,并告诉自己,你会允许这样或那样的情况发生,或是决定忽略某些事情——这是一回事;克制自己保护孩子的冲动又是另一回事。

　　在本章前面的部分,我曾半开玩笑地告诉你,培养冷眼旁观的态度很重要。你可能遵从理论,允许某些行为发生。可是,如果你的面部表情让孩子感到你仍在为他们担心,就会对他们是否选择继续行动产生重要影响。毕竟,行胜于言。

库珀家的风险分类任务

以下是简和安德鲁在执行分类任务时发现的一些典型风险。

可接受的小风险(忽略这些行为)

· 汤姆可以自己爬树。

· 汤姆可以打橄榄球。

· 汤姆可以在厨房里独立使用刀具。

· 汤姆和艾玛都可以去向邻居借东西(例如大米或糖)。

· 两人都可以去商店购物。

· 两人都可以与陌生人交谈(特别是当父母之一在场时)。

· 当父母之一快要结束购物时,两个孩子都可以在商店门口一边看书一边等待。

· 我们会允许两个孩子与力所能及的(情绪上的)困境作斗争。

· 当父母之一在付汽油费时,两个孩子都可以在车里等待。

不太大的风险(做好预防措施)

· 在朋友家过夜(我们会事先和朋友的父母通电话)。

- 自己骑自行车去上学（我们已经教会他们骑自行车并曾陪他们一起骑过几次）。
- 和他们的朋友一起骑自行车绕着街区转一圈（我们知道这没问题，因为我们了解我们的社区）。
- 汤姆可以自己和他的朋友们去滑板公园（周末公园里还有很多其他孩子）。

不可接受的风险（明确拒绝）
- 在没有对方父母在家的情况下在别人家过夜。
- 允许艾玛去参加一场青少年聚会，而且我们知道他们会喝酒。
- 允许艾玛或汤姆在 13 岁之前使用社交应用程序（例如 Instagram），我们知道这对他们的心理健康不利。
- 任何违法的活动。
- 在正常上学的日子，晚上八点后仍然玩电子游戏。

关于风险分类的附言

有越来越多的声音支持孩子们体验更多的风险。关于这一点，我建议大家看一看勒诺·斯科纳兹（Lenore Skenazy）建立的网站 www.letgrow.org。其中包含了大量关于儿童面临的真实风险和想象中的风险的研究。

第5章 我们可以允许什么样的风险发生？

在第三部分，我会向你介绍一些"恰当"的策略，你可以使用它们帮助孩子控制焦虑。但在我们开始使用这些工具之前，我还想花点时间谈谈另一个难题——家庭模式是如何建立起来的，以及同样重要的，如何改变家庭模式。

> 小 结

·要意识到，让孩子独立面对一些有风险的状况（包括友谊问题），父母不要介入其中替他们解决问题非常重要。

·要意识到，如果你的孩子要增强复原力，他们不仅需要忍受一些痛苦，还需要获得应对逆境的经验。

·将孩子的行为分为三类：风险很小，可接受的行为（你什么也不需要做）、风险不大的行为（你要采取合理的预防措施）和风险大的不可接受的行为（你要对此说"不"）。

第二部分

随着时间的推移改变焦虑

在接下来的两章中，我们要探讨的是，家庭模式是如何变得根深蒂固的。我们将重点关注父母们的行为倾向以及这些行为可能带来的后果。此外我们还将揭示，当父母开始改变自身行为时，孩子们会有什么反应。有时，你无法改变孩子的行为——但你可以改变自己的行为。

第6章　家庭模式的形成及其改变方法

在我们的身边，系统的运行无处不在。我们的生活中有交通系统、天气系统、银行系统和卫生系统。我们的身体里有循环系统。所有这些系统都有一个共同点：它们都有协同工作的部分，通常系统内发生的事情是有序的、可预测的。例如，运输系统中存在一个可预测的模式，在某天当中，某些时间段运行的火车数量更多，其他时间段（例如深夜）运行的火车数量则偏少。如果这个系统的某一部分发生变化，例如一列火车发生故障，就会导致其他火车延误。

这是我自己对系统的定义："系统是按照有序的方式一起运行的部件的集合。"我与父母们谈到的一种系统是汽车发动机。汽车发动机由各种部件组成：火花塞、燃料、电池、引线等。把电池拿出来，发动机就不能工作了；将燃油排出，发动机也不能工作；拆下所有的火花塞，发动机也不能工作。如果你只拔掉一个火花塞，会发生什么？发动机的功能会受到影响，它仍然可以工作，但会粗暴地嘎嘎作响！发动机每一个不同的部件必须与其他部件密切配合，才能使发动机作为一个系统工作。如果你修理汽车发动机的一个部件，它会影响其他部件。这就是系统的工作方式：系统的所有部分都是相互依赖的。

从系统的视角看，我们可以观察到家庭中发生的某些模式。如果某件事发生了100次，我们可以假设它会发生第101次。研究家庭的心理学家认为，一旦家庭中形成了模式，它们往往会长期保持不变，直到某件事或某个人促使模式发生变化。例如，当孩子进入青春期，家庭系统就会发生变化。青少年想要更多的隐私，他们还希望花更多的时间和同伴们在一起，更少的时间与父母在一起。

在孩子长大的过程中，他们经历的小型冲突和焦虑爆发会变得模式化。当孩子开始对某些事物（比如火）感到恐惧时，他们可能会形成一种模式（例如，他们对与火有关的任何事物都感到害怕），随后他们会回避其他引发恐惧的情景（例如，害怕进电梯或开始恐高）。当一组固定模式变得明显时，孩子可能会停止做任何可能导致他们感到恐惧或不确定的事情。我们希望你的孩子不会发展出类似焦虑症的大问题，你肯定也不希望如此。但如果你能"看到"孩子焦虑行为的早期迹象，并且能深入其中扭转局面，你就可以帮助他们发展出更多信心和勇气。

让我们来看库珀一家是如何形成一种家庭模式的：

- 汤姆在学校度过了糟糕的一天，这已经不是第一次了——

他和一个朋友发生了争执。

- 第二天,汤姆说他不想去上学。
- 一开始,简说:"不,你要去上学!"
- 汤姆小题大做,大吵大闹。
- 简放弃了,让汤姆留在家里。
- 汤姆整天都在玩他的电子设备。

用图来表达,上面的模式是这样的(图6-1):

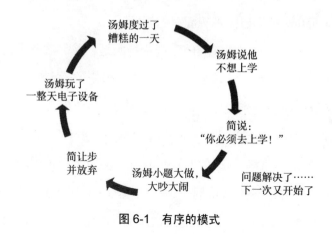

图6-1　有序的模式

简知道如果汤姆去上学对大家都更好,但她还是屈服于汤姆的意愿,因为她觉得,坚持己见似乎显得太严厉,或者可能引发太多冲突。

在这种情况下,太严厉或引发太多冲突并不是主要问题。我们都知道为什么这种类型的模式会形成。短期来看,双方都得到了好处。事情立刻变得更加愉快,对双方来说都是:汤姆不必去上学，而简通过让步停止了这场闹剧。但从长远来看，模式会持续下去。在这种情况下，短期的回报是以长期的负面后果为代价的。简的做法会让汤姆将来更容易出现这样的行为。下一次，简又会让步，因为如果不这么做，她会觉得自己是苛刻的。

孩子有两种控制焦虑的系统。其中一种是独立的系统，他们学会靠自己的力量"恢复平静"。另一种是依恋系统，孩子在父母的帮助下恢复平静。问题在于，焦虑的孩子会试图让父母参与进来，从而回避他们自己不想面对的问题。

对儿童焦虑的"家庭顺应"现象指的是，父母因孩子的焦虑行为而对自身行为（及其家庭生活模式）做出的改变。

父母可能会受到过度影响而改变家庭惯例（例如不再外出），或者他们最终可能会发展出与孩子一样的焦虑行为（例如强迫性洗手）。艾利·莱博维茨（Eli Lebowitz）解释了一种现象，为什么越来越多的家长（以及越来越多的教师）在顺应孩子的焦虑，而不是帮助孩子应对生活中的正常压力。[1]因为当孩子们对生活中的正常挑战表现出哪怕一丝一毫的抗拒时，越来越多的父母会做出退让，而过去他们并不会这样做。而且，一旦这样的行为持续多年，就会出现两个后果：孩子们了解到，通过表现出焦虑状态，他们可以回避某些事件、场合或情况；父母则在无意中造成了孩子的认知扭曲。孩子会对事实上的中性信息做出夸大和错误的解读。当父母顺应孩子时，"他们会无意识地削弱孩

第6章 家庭模式的形成及其改变方法

子正确地将焦虑想法标记为不真实或夸大信息的能力"。[2]你能理解吗?

在库珀一家的例子中,汤姆的回避行为得到了负面的强化。他的母亲没有找到恰当的方法来帮助他独立面对上学的挑战,而是一再通过帮助他回避本来力所能及的事情来解除困境。在潜意识层面上,他是在小题大做。在童年时期,他这样做得越多,就会表现得越焦虑。

不要认为认知扭曲都是父母造成的,我想提醒你一个事实,在"安全主义"的文化背景下,不仅仅是父母在迁就、助长和鼓励孩子的焦虑行为,一些学校系统和教师也是造成这个问题的原因。在过去的五年里,我听到许多老师抱怨全科医生、心理专家和其他健康专业人员默许孩子们退学或不上学。这使教师和教育工作者陷入困境。他们认为自己不能也不应该质疑心理健康专家给出的建议。老师们告诉我,一些注册心理健康专家向家长写信,建议孩子"留在家里",或是呼吁学校不要向焦虑的儿童施加"压力"。向学校提出这些建议的目的是希望学校不要对孩子提出过高的要求,并帮助孩子避免客观上被视为中等水平的挑战。

在某些情况下,当心理健康专家提出这些"退出"的方案时,并没有提供相应的治疗计划帮助孩子重返课堂。老师们也倾向于屈从这样的建议,因为他们担心如果不这样做家长会抗议。可是,我们也看到这样的情况,有很多孩子因为一些更加无足轻重的理由就被允许不去上学了。

我可以理解为什么会发生这种情况：心理健康专业人士希望对孩子表现出同情心，或许是为了给孩子重新振作的时间。可是，如果孩子只是轻度焦虑，专业人士的做法不应违背治疗儿童轻度焦虑的最佳临床建议，即不要去适应焦虑。相反，最佳临床建议是制订帮助孩子克服心理障碍的治疗计划。而且应该把这些帮助孩子克服焦虑习惯的步骤传达给家长、教师和学校系统，以便大家可以朝着一个方向努力。

孩子们不仅需要周围的人支持他们管理焦虑情绪，还需要周围的人帮助他们积极应对逆境。莱博维茨表示，现在有大量研究表明，"如果儿童与成人之间有着健康的、支持性的关系，应对中等程度的焦虑实际上可以提高儿童解决问题的技能并提高复原力"。[3]

当孩子生活中重要的成年人识别出孩子的焦虑行为时，他们需要"刹住车"，并在孩子的焦虑情绪加重时进行干预。这项任务不仅包括帮助孩子暂时感觉好一些（这应该是一个长期的结果），还包括成年人需要帮助孩子学会解决情绪问题的技能，并在必要时使用降低唤起水平的技术来减轻儿童的身体症状。

不幸的是，儿童的焦虑被适应的时间越长——成人越多地帮助他们避免生活中的正常挑战——往往会变得越严重。一个焦虑儿童身边的人越是退缩（通常是因为害怕情况变得更糟），孩子的心理健康状况就越有可能恶化。对于父母来说，这种模式可能很难扭转。我见过许多父母在试图改变顺应模式时遇到了重大挑战，包括体验到孩子的攻击性。对于一个已经被父母顺从多年的孩子来说，父母行为的改变可能会被视为背叛。在这些情况下，孩子已经习惯了父母通常选择让步的行为模式。

孩子从父母的反应中学到什么

表 6-1 中列举了孩子从父母的反应中"学到"的信息。例如，艾玛学到了，如果她让自己陷入某种"状态"，父母有时会在她的疯狂表现前让步。她还学到了，如果她让母亲替她完成任务，母亲就会答应。汤姆学到了，如果他不断向母亲寻求安慰，母亲就会给予他关注。他还学到了，只需要稍微抗议一番，就可以留在家里不去上学。艾玛还学到了，如果她抗议去餐馆就能让父母改变主意。

表6-1 孩子从父母的反应中"学到"的信息

焦虑行为的迹象	孩子的语言或行为	父母通常的做法
艾玛"觉得"自己的身体不舒服,变得烦躁、疯狂或情绪不稳定。	"我做不到!""不!那绝不只是一种感觉!"(她受到某件事或某种状况的冲击。)	简会安抚艾玛,分散她的注意力或作出让步。简因此变得烦恼愤怒。
汤姆缠着妈妈,一定要她"在那儿"。	汤姆不断地问:"你确定你会在那儿吗?"	简一直安慰汤姆,告诉他:"是的,我会在那儿。"
艾玛让简替她完成学校布置的任务。	艾玛说:"你能帮我做吗?"(当简不同意时,艾玛会更加沮丧。)	简通常会帮艾玛解决问题。她不想让事态失控,于是最后替艾玛完成了任务。
汤姆为了"避免"友情问题而不去上学。	只要听到否定意见,汤姆就什么也做不了了。他形成了灾难化的思维习惯。	安德鲁允许汤姆留在家里,使汤姆不必面对有挑战性的情景。
艾玛不想外出,也不想做正常的家庭事务。她的"正常"生活范围正在变窄。	艾玛回避参与正常任务。她希望父母同意她不做某些事情。	简和安德鲁通过改变家庭惯例来"顺应"艾玛,例如不去餐馆吃饭。

第6章 家庭模式的形成及其改变方法

孩子从父母的反应中学到什么	教孩子应对具体技能
艾玛学到了，让身体失控（强烈喘息）是可以被接受的。	
汤姆学到了，别人的安慰可以缓解他的痛苦。	
艾玛学到了，她自己没有能力解决"小"问题。	
汤姆学到了，要避免有挑战性的事情。	
艾玛学到了，她没有能力应对自己的情绪困扰。	

改变模式

即使你的孩子天生具有焦虑特质,他们也可以通过学习新的行为方式来管理焦虑。尽管有焦虑特质,你的孩子仍需要知道如何在这个世界上生存。对于有特殊需要的儿童来说也是如此,例如被诊断为注意力缺陷多动障碍(ADHD)或患有自闭症谱系障碍的儿童。我告诉家长:"尽管他在神经发育和功能上不符合典型标准,但他需要学习在学校里如何控制自己的冲动。这对他来说会有点困难,但他能学会一些自我控制的策略,我会给你举一些例子。"

大部分情况下,我们害怕的事物或是我们体验过的焦虑在生活中并不一定会消失。随着年龄的增长,我们获得了更多的视角,因此能用与儿童不同的方式看待事物。

就焦虑而言,情况很可能是这样的,我们在某些情况下总是会惊慌失措,而在另一些情况下也有可能感到恐慌。我们能够改变且确实在改变的是我们管理恐惧或焦虑想法的能力。这是对待焦虑的好思路。这是一个将焦虑去病态化的过程,而且每个人都做得到。这意味着,如果我们都能学习管理自己对压力的自然反应的策略,就可以运用这些技能来帮助我们的孩子。除非有人告诉孩子如何管理恐惧和焦虑的想法,否则他们不一定会在日常生活中学到这些技能。因为现在我们对控制焦虑的方法有了更多的了解,所以我们可以比上一代父母做得更多。

我将学习控制焦虑比作学习摔跤——目的是压倒对手。20世纪 70 年代，当我还是一名青少年时（我知道那已经有些久远了），我和许多同龄男孩一样，会在电视上观看世界摔跤锦标赛。我们观看马里奥·米兰诺、骷髅墨菲和杀手科瓦尔斯基等人的表演。评论员用"爪子""单臂扼颈"和"锁头"等说法指代这些摔跤手的动作。等等，我怎么跑题了？嗯，对孩子来说，焦虑就像是这样的攻击动作。他们可以更好地与焦虑的感受或想法搏斗，甚至可以学习如何对付杏仁核！

对孩子们来说很重要的一个信息是"焦虑是可以克服的"——焦虑也是可以被他们控制的。正如我们在上一章中了解到的，即使是满怀善意和爱心的家庭也会出现一些焦虑模式。每个父母都爱自己的孩子，每个父母都不希望自己的孩子遭受不必要的痛苦。如果一种模式在家庭中已经存在很长时间，孩子的焦虑表现干扰了家庭的正常运作，那感觉就像是在过"土拨鼠之日"[①]，会带来极大的不便。比如说，目前由于艾玛的焦虑，库珀一家不能或者说不会外出了。

改变流程以及它们的运作方式

我们都看到过政府或公司利用行为改变的策略对公共卫生施加积极影响或是提高公司流程的效率。我曾经接受过一家公司的培训，以遵循他们希望客户使用的新流程——这是我自己做出改

---

① "土拨鼠之日"：1993年一部受欢迎的美国电影的名字，后"土拨鼠之日"成为一个英语术语，指被困在时间里，且同样的坏事一直发生在你身上，无法获得自由。——译者注

变的故事。那是在新千年伊始,我学习了如何在本地机场使用新的票务系统。当时,我首选的航空公司通过引入新的自助登机流程,试图改变数万名乘客的行为。因此,他们主动与客人进行接触。每次进入航站楼,在我走向服务台队列的途中,都会有一名航空公司的地勤人员走过来对我说:"您好,先生,我可以向您演示如何使用我们新的自助值机设备吗?"工作人员一边说,一边指向机器,"您有预订号码吗?"

因为习惯了在服务台办理登机手续,我拒绝了工作人员带我走进21世纪的努力!我微微皱起眉头,问道:"有没有人可以为我提供服务?"后来每次我去机场,都会发生类似的事情:"先生,我能为您效劳吗?我可以向您演示如何使用自助值机设备吗?"

这种新方式对我来说很陌生,我不确定自己是否能完成他们要求我做的事。最初几次受到邀请时,我并没有动力去克服自己的心理障碍。在内心深处,我对自己说:"这家公司试图让我替他们完成一部分工作。"我还联想到服务台里那些工作人员将会失业。但说实话,让我产生抗拒情绪的第三个原因是,我对使用设备上的触摸屏没有信心。你会发现我既不情愿,也不投入,还很冷漠。我面无表情,姿势僵硬。所有的外在表现都表明我对这件事缺乏热情。但后来,如果我的时间比较充裕,地勤人员与我的互动就变得更容易了。"我并不着急,"我想,"所以,为什么不试试呢?"每次工作人员的做法都是一样的,而每次我同意参与时就会对这件事了解多一些。航空公司让我习惯了他们希望我做的

第6章 家庭模式的形成及其改变方法

事情。工作人员向我提供安慰和指导。虽然缓慢，但是毫无疑问，我正在被劝诱并鼓励改变旧习惯，转向新系统。

最终，工作人员把我培训得实在太好了，以致当其他同事和我一起去参加培训研讨会时，我有时会试图教他们使用自助值机设备："你知道怎么做吗？我知道！到这里来，我来帮你！"该航空公司的目标是使自助值机系统的使用常态化，并在此过程中改变数万名乘客的行为。该航空公司的管理层知道这需要时间和努力。他们知道并不是每个人都会欢迎这一改变，因此他们必须坚持培训员工来应对像我这样有抵触情绪的客户。该航空公司知道他们不必一次性实现所有目标。这是不可能的。

来谈谈我的状态吧。如果你是落在墙上的一只苍蝇，你认为自己会注意到什么？我表现得很犹豫并且抗拒改变。虽然我没有对任何人表现出粗鲁的态度，但我的肢体语言会传达出我不情愿参与他们想让我做的事。显然，航空公司的员工会遇到各种各样的客户——年轻人、老年人、有触摸屏使用经验的人以及没有触摸屏使用经验的人。毫无疑问，对于替航空公司完成一部分工作，有些客户的负面态度比我更加强烈。另一部分人，比如我，只是更喜欢由真人服务。

现在我们来谈谈航空公司。他们做得好的地方在哪里？嗯，你会发现他们的行动始终保持一致。事实上，每次我在机场接收到的都是同样的信息。他们很执着。他们不只尝试一次，他们的努力不是一次性的。他们坚持了下来。在不同的场合，可能有不同的人来找我，他们表达目的的方式可能略有不同，但他们传达的信息是相似的。"同样的骨架，不同的外衣"，这是一个很好的例子！

我见过引发变革的最佳努力往往涉及几个因素：针对变革方案目标对员工进行良好的初步培训；模拟培训的方式包括角色扮演；识别人们可能不愿合作的情况（以及如何解决这些问题）；使流程步骤变得容易执行。当员工接受执行此类策略的培训时，他们会看到自己的脚本内容和实施策略的具体方法。变革过程中的每一步都有其重要性，当这些步骤结合在一起，将产生比单独执行一个步骤更大的效果。

下面我们以澳大利亚政府在过去40年来降低交通死亡人数所做的努力为例。20世纪80年代，澳大利亚的交通死亡率高到让人无法接受，公路上每通行10万辆汽车，就会有43.5人死亡。仅就人类为此经受的痛苦而言，这样的代价是巨大的。对于受害者家庭来说，后果更加可怕。国家道路安全的管理者知道怎样做才能最大程度降低交通死亡人数——并且他们尽可能多次重复同样的努力。他们年复一年、十年复十年地专注实践有效的技术或行动，最终将交通死亡率降低到每通行10万辆汽车仅有3.9人死亡。

通过修改超速和酒后驾驶的法律、修复道路、提高汽车安全性以及开展公众教育活动，他们减少了交通死亡人数。由于资源（纳税人的钱）有限，变革发起者知道他们只能选择那些高效的举措进行投资，而不是假设所有举措都有相同效果。你理解我的意

第6章 家庭模式的形成及其改变方法

思吧。如果你想减轻孩子的焦虑,最好从不同角度解决问题。在改变家庭内部模式时,我希望你记住:孩子们通常只考虑当下,但你需要以周和月为单位考虑问题。在改变客户行为时,航空公司的地勤人员有一个长期计划,而改善交通伤亡情况项目的负责人会通过多种途径解决问题。与之相似,你也需要用长期视角看待改变的过程。了解改变发生的过程很重要,因为如果你知道改变需要时间,你就会坚持下去。

在着手改变家庭模式时,你需要记住,你的孩子不一定会欢迎新的行为方式。正如我曾经有些抗拒航空公司的改变一样,你的孩子也会抵制新的行为方式,这只是因为他们习惯了过去特定的行为方式。如果你要改变孩子的焦虑行为,那么你的孩子可能会有些许挣扎——至少在一开始是这样。

你能控制的人就是你自己。我曾经在前面说过,这本书中的方法要求你少做一些事情,多做另一些事情。你需要像航空公司工作人员对待我那样对待你的孩子——坚持、冷静、乐于提供帮助,但不要妥协。即使需要时间才能看到进展,你也不要气馁或尝试恢复旧习惯,例如过度安抚孩子或替他们解决问题。如果你能始终如一,你就会看到积极的变化。事实证明,你只需要坚持有限的几种改变。随着时间的推移,这些适度的改变将会发挥作用。

几年前,加拿大心理学家乔丹·彼得森(Jordan Peterson)写了一本书,名为《人生十二法则》(*12 Rules for Life*)。在养育孩子的相关章节中,他说他见过许多父母对孩子放任不管。他们不愿对孩子施加任何影响,让孩子感到做什么、怎么做都行。"当孩子的照管者害怕一切的冲突或不安,不再敢纠正孩子,让他们放任自流,孩子就会被毁掉。"[4]因此,根据彼得森的说法,如果家长不作为,不在各种关键时刻敏锐关注孩子的行为,他们的孩子便只能自己照顾自己。这对孩子不利。

我同意他的观点:家长们对孩子的行为缺乏敏锐的关注。以下是看待这个问题的几种角度。

首先,当孩子表现出焦虑时,一些家长认为纠正孩子的错误思维不是自己的责任。我们没有把自己看作孩子焦虑问题的教练。于是,因为不知道自己能做些什么,我们陷入了困局。最后,为了避免引发焦虑的状况,我们屈从于孩子的意愿——仅仅因为这样做更容易。如果你不认为自己可以兼任孩子的教练(见第3章),你就不会这样做(纠正孩子的错误思维)。

其次,一些家长认为,挑战孩子的焦虑语言和焦虑行为会让人感觉很刻薄。当孩子陷入痛苦情绪中,家长冷眼旁观而不做些什么去减轻孩子的痛苦是一件很困难的事。我们总想做些什么——无论什么事,只要能减轻他们的痛苦。

最后,在控制儿童焦虑这件事情上,许多父母没有备用计划。如果没有经过深入学习,我们很难不被"感觉自己有些刻薄"的情绪影响。我见过很多例子,知道这是实情。许多父母不会采取行动帮助孩子克服自己的焦虑,因为他们没有可行的备用计划,或者他们只是太担心孩子"难受"。他们的感觉(不想惹恼孩子）妨碍了他们帮助孩子培养复原力。

我并非支持用"严厉的爱"来养育孩子。那不是我想表达的。我想说的是，孩子们需要接受一些挑战，才能成为更好的问题解决者，并学会如何质疑最初的感受，从而学会改变自己的情绪反应。所有这些技能都是普通孩子可以掌握的，但是需要家长积极主动的态度。

如果你可以在孩子焦虑时"定格"不动，同时给予他们关注，你就可以真正帮助他们控制焦虑，不仅是为了现在，也是为了未来。如果你重复这样做，就可以提高他们应对逆境的能力。

库珀夫妇意识到他们不能再用过去的方式对待孩子了。虽然艾玛很可爱，但他们也看到，她可能成为自己最大的敌人。他们喜欢她活泼热情的性格，也注意到，当她的情绪变得激烈，希望事情按照自己的意愿发展时，会给自己（和父母）制造问题。他们希望她更愿意冒险，勇敢地尝试一些事情，即使这些事情不在她的舒适区之内。当遇到看起来有挑战性的事情时，他们希望她能"二次思考"，而不是习惯性地强硬拒绝。他们还希望艾玛能够发展出心理上的核心力量，不再像从前那样脆弱、容易崩溃。

无论是谁，在改变行为时都很难一帆风顺。这通常不是一个立竿见影的过程。库珀夫妇需要知道，一开始，前面的道路可能并不平坦。行为科学家进行的数千次实验都得出了同一个结论：人们（包括儿童）不喜欢改变，然而，时间的累积以及"改变推动者"赋予他们的韧性，会让他们适应改变。这里的"改变推动者"就是你。虽然最初会遇到阻力，但为此付出的努力一定是值得的，不是吗？

在库珀家里，艾玛的行为已经被迁就了很多年。汤姆也一次又一次地被告知（被安抚）他会被家人从辅导班接走。因此，简和安德鲁知道，要扭转他们无意识建立的模式是很困难的。他们知道必须同时启动短期游戏和长期游戏。短期游戏意味着，他们需要抓住面前的机会对艾玛和汤姆的焦虑做出回应，从而帮助他们重新建立回应不同事件的方式。至于长期游戏，他们明白，需要有效地改变从前对艾玛和汤姆的回应方式。

在接下来的章节中，我将开始讲解改变所需的工具，即我之前提到过的"恰当"的工具。它们是真正易于学习和使用的工具。如果你知道如何选择工具，以及使用工具的时机，它们会对你有所帮助。

小结

- 当行为模式建立后，就会变得更容易预测。如果事情发生了100次，那么很可能会发生第101次。

- 如果父母改变自己的行为（例如不再外出）或是与孩子做同样的事（例如过度洗手）——我们称这个过程为"顺应"——父母会在无意中强化某种焦虑的行为模式。

- 改变需要时间。当你尝试从不同角度做出努力，改变的效果会更好。

第7章 快速回顾及好的设计要素导入

让我们回顾已经讨论过的问题,并提前了解在接下来的章节中将要讨论的内容。

在本书的第一部分,我们探讨了一些重要的知识点:发展内部控制点的重要性及其对儿童的益处;"构建"复原力的方式以及如何克服我们的疑虑。我们了解到,教练的角色是教授具体技能。我们发现焦虑有两种形式:焦虑的想法和画面,以及恐惧。要支持孩子战胜焦虑,了解这些不同类型焦虑的来源是非常重要的。我们知道了,儿童的大多数焦虑行为都是随着时间推移而习得的,而且会形成一种模式。这是个好消息。因为如果一种模式是习得的,这也意味着它可以被改变。我们在上一章中看到,改变可能需要时间,而且当你尝试创建新模式时,会遇到一些困难。

到目前为止,我们的干预设计大部分是让你"少做某些事情"。因此,通过减少对孩子的安慰,不再允许孩子采取过度回避行为,更少去迁就孩子,你可以减少焦虑并在数月和数年内培养孩子的复原力。我并不是铁石心肠,当然了,有时孩子确实需要你的支持，甚至需要你的保证。但如果你看到孩子表现出焦虑情绪，我要求你戴上"保持客观"的帽子。保持客观意味着你能如实观察孩子的行为，你的目标是帮助他们控制焦虑，而不是在犹豫不决中选择默许，或是帮助他们回避一些困难。

我希望你可以改变让孩子放心的方法，更少通过暗示他们"我在这儿，我会为你解决问题"，从而让他们放心。更多向他们表明"我认为你能解决问题"。要"减少"对孩子的干预，需要你的自我控制，你需要更多地控制自己的行为，不去强化孩子的焦虑行为。关于儿童焦虑，艾利·莱博维茨有一个重大发现：越多地鼓励儿童依靠自己的资源解决问题，儿童的焦虑程度会越低，解决问题的能力越强。

从这里到本书的结尾，我将向你展示，你可以通过"多做"哪些事情来减少孩子的焦虑行为。当你的孩子表现得焦虑时，你要更善于客观地看待问题，然后弄清楚如何支持他们，让他们接受挑战，从而降低焦虑程度。你的工作是成为孩子的教练，这意味着要采取客观的态度，同时不被自己的感觉影响。再说一遍，教练的工作是什么？教练要在特定的时刻教授具体技能。

你可以为孩子提供他们需要的脚手架，帮助他们发展出应对逆境的心理蓝图。这些蓝图一开始可能是浅蓝色的，但有了你的帮助，有了你对孩子解决问题的能力的信心，这些蓝图随着时间的推移会变得更加清晰。

第7章 快速回顾及好的设计要素导入

帮助孩子的两种模式

你的角色是推动孩子发展管理焦虑的能力,扮演这个角色的主要思路有两个:第一个是把握"趁热打铁"的时机;第二个是把握"趁凉打铁"的时机。[1]

"趁热打铁"指的是,你要知道在"发球和接球"对话中遵循什么样的脚本,这样你就不会陷入一味顺应孩子的陷阱,而是清楚该如何回应。你的孩子向你发的球是焦虑的想法或行为,现在你如何接球?你需要回应。我们在前面的图表中可以看到,如果只考虑眼前,安德鲁和简的回应方式可能很简单。然而,他们越是无意地让孩子避免以内部控制点为导向解决问题,孩子就越是习惯外部控制的倾向,甚至形成一种模式。

相反,如果我们让孩子捕捉自己的想法并重新考虑它们,就可以帮助他们发展出更具适应性的叙事结构。你可以帮助他们发展出更具建设性的对自己描述事件的方式。但是等等,还有更多!你还可以帮助他们养成二次思考的新习惯——不要只看事情的表面价值——并养成从科学角度重新审视事件的习惯。在引言部分,我曾第一次向你介绍了"SALON",它是我们进行此类对话的主要工具。

当你的孩子向你抛来一个焦虑的曲线球时,你可能会想要安抚他们或是分散他们的注意力。这虽然是一种自然的反应,但不一定是最好的选择——这种行为本身并不可取。事实上,正如一位校长曾经告诉我的那样,如果你即刻让孩子迅速摆脱焦虑,那么你就是在"偷走他们的经验",孩子将没有机会去解决他们的问题。你与孩子的此类交流不需要持续很长时间。在这里我讨论的不是"治疗"过程。即使是在最短暂的接触中,成人也可以支持孩子以科学的方式思考,这样他们就能学会如何准确、恰当和现实地看待问题(而不是愚蠢、不当和脱离实际地看待问题)。这些交流可以是短时的,但必须长期坚持下去,而且要前后一致。

还记得航空公司的工作人员对我做了什么吗?他们能够在几次时长两分钟的相遇中改变我的行为。对待孩子也是一样的:你要通过几次对话让他们学会用更好的方法应对焦虑的念头和情绪。在第三部分中,我们将以库珀家为例,描述一次有效的亲子交流。

"趁凉打铁",指的是教孩子使用心理学家们长期公认的调节反刍思维和强烈身体反应的方法,目的是教会孩子应对未来的事件。这属于提前教学——意味着你要教给他们应对未来可能出现的焦虑反应的技能。此类干预措施包括降低唤起水平技术和停止思维循环的中断技术。我们同样会在第三部分中介绍这些内容。

无论是"趁热打铁"还是"趁凉打铁",你都需要记住,它们需要一个过程。如果你学习了这些流程,你会在需要使用的时候想起它们。

当然,是否对孩子的焦虑做出反应可能仅仅取决于你当时的判断。在当时当地,可能不是立即停止一切事务来应对孩子焦虑

第7章 快速回顾及好的设计要素导入

的最佳时机。或许你五分钟前就该到达某地,你不想耽误得更久了,或者可能有客人来访,又或者,对于一些轻微的焦虑,你可能不想小题大做,严阵以待,或者你还不具备做教练的心态。我想说的是,就像面对风险行为一样,你可能会把一些焦虑时刻"传给守门员",或者错失了时机。你可以挑选并确定干预的时机。不过,在中期内,你不该让孩子的焦虑状态或扭曲的言谈多次从你身边"溜走"。

贯穿我们整个干预行动的主题是,你要对你的孩子和家庭抱有期望:

- 你的家庭将成为一个勇于"尝试"的家庭——而且每个人都会有相应的行动。
- 促进孩子的独立性并"为他们做好上路准备"是你(而不是别人)的工作。
- 你的孩子将学会准确、恰当地思考事物。不在没有事实证据的情况下使用灾难化或情绪化的推理。

以下策略是我们干预行为的构架,其中每一条都会对孩子的焦虑产生影响(有研究证据支持)。联合使用这些策略,效果会更强大。

- **保护孩子的大脑**。通过良好的睡眠习惯、在家对科技产品使用的管理、看着他们的眼睛说话、到大自然中去,帮助孩子的大脑保持良好的状态。
- **教会孩子如何克服恐惧**。使用逐级暴露技术帮助孩子面对恐惧。

・**多听听孩子的声音**。接纳、认可和支持你的孩子,但不要过度安抚他们,或是在他们的焦虑行为面前退让。

・**帮助他们更准确地思考**。使用 SALON 脚本帮助孩子更恰当地评估状况。

焦虑教练策略

　　本书第三部分的六章内容提供了相应的策略，帮助孩子发展克服恐惧和焦虑思维的进阶技能。这一部分内容重点介绍所有父母都可以使用的帮助孩子应对压力和逆境的通用技能。这一部分的亮点策略是 SALON。重复使用书中介绍的一部分策略，特别是 SALON，你的孩子的内控技能将得到提升。

第8章　保护孩子的大脑

为了支持孩子发展管理压力的能力，你需要确保他们的大脑正常运转。如果孩子的大脑是一个小装置（大型机器里的一个小而重要的机械部件），你会希望这个小装置能高效运行。

对于我们所有人来说，大脑有一项特殊的工作，就是协调接收的信息（来自我们的感官：看到、听到、闻到等），而且大脑还可以理解情况、事件或问题。只有当神经机制处于良好状态时，大脑的协调功能才能发挥出最佳水平。对于成年人来说，假设我们的大脑处于良好状态（得到足够的休息且心智健全），它通常可以解决复杂或模糊的问题，并在应对负面事件时组织出适当的反应。一方面，孩子抗压能力的不断增强与生理发展有关；另一方面，儿童大脑组织适当反应的能力也与后天学习有关。因此，孩子的反应能力会提高（随着年龄增长），与此同时，周围人可以期待孩子解决问题的能力同步提高。

在相关实验中，研究人员将儿童分为焦虑组和非焦虑组，结果表明，即使是非焦虑组的儿童，通常也会比成人更容易焦虑。儿童的大脑仍在学习如何应对压力，比起成人，他们这方面的能力是不足的。这一发现还表明，成人需要积极构建合适的环境，让孩子稚嫩的焦虑管理能力得到发展。

关注孩子的睡眠习惯

有大量证据表明良好的睡眠对儿童应对焦虑的重要性。[1]如果孩子睡眠不好，他们的大脑对焦虑的念头或恐惧的感受做出反应的能力就会更差。[2]因此，为了让孩子的大脑全速运转，他们需要充分休息。亲爱的父母，这就是你能发挥作用的地方！你需要为孩子的入睡和起床时间制定规则。良好的作息习惯不仅可以让孩子更好地应对焦虑，同时有助于他们应对所有的行为失控。

你可能会感到惊讶，当父母因为孩子的焦虑表现来找我咨询时，我首先关注的信息之一就是孩子的睡眠时间。孩子的焦虑很大程度上与他们的睡眠时长和睡眠质量有关。心理学家注意到，孩子的焦虑"表现"往往与缺乏适时和不间断的睡眠有关，这一因素与其他所有因素同样重要。当前评判睡眠健康的标准是非常恰当的（图8-1）。你可以看到不同年龄段的孩子每天应该睡多长时间。请让孩子"睡好觉"，你的努力将减轻孩子的焦虑。

- 1岁以下的婴儿：白天和晚间共14～18小时
- 学步期儿童：24小时内12～14小时
- 小学和初中学生：每天10～12小时
- 高中学生：每天9～11小时
- 成人：每天7～9小时

图8-1　我们需要多少睡眠

睡眠不好的儿童无法有效地与杏仁核斗争。正如我们在"关于焦虑的基础知识"一章中了解到的，儿童的杏仁核可以经由神经通路向上发送恐惧信息。如果孩子们的大脑得不到休息，他们就无法抑制"向上调节"的边缘系统反应。伯克利大学的马修·沃克（Matthew Walker）发现，如果没有足够的睡眠，大脑就会恢复到更原始的活动模式，大脑会无法将情绪体验整合到连贯的背景中并做出可控的、恰当的反应。这句话最后的部分很重要：做出可控的、恰当的反应。睡眠不足会导致边缘系统倾向于向上调节——这意味着边缘系统会更多地激活"原始"大脑的神经通路。这时孩子就无法做出恰当的反应。

适度控制儿童对互联网的使用

当我开办有关儿童科技产品使用的工作坊时，我会与家长讨论科技及其在家庭中的位置。我将互联网称为"受邀的客人"，而不是将其视作家庭成员——其根本意义是，你可能无法控制网络上的外部世界，但你可以控制家庭的内部事件，后者对于保护孩子的心理健康具有重大意义。越来越多的证据表明，无限制地访问视频游戏或社交媒体平台等应用程序会影响儿童的心理健康。[3]

你之所以购买这本书，是因为你的孩子未满13岁。在这个年龄段，许多孩子开始向父母索要属于自己的电子设备，通常是一部智能手机——可以访问互联网、社交应用程序以及大量精彩但同时具有破坏性的内容。我并不是说十多岁的青少年不应该使用这些应用程序，那是不现实的。在育儿方面，屏幕媒体的使用是一个热门话题。在过去的十年中，我的从事心理健康专业的同事（其中一些人同时专门研究儿童和青少年使用电子设备的情况）向我建议，任何人就儿童使用电子设备的问题向父母提供建议时，都应鼓励儿童成为负责任的技术使用者。从表面上看，这是合理的建议。

我同事对这个问题的看法是，我们不能禁止儿童使用电子设备，所以我们必须教导他们如何使用设备，并教导他们在这个过程中对自己负责。我的一些同事告诉我，我应该"跟得上形势"。他们说，毕竟，孩子们需要学习如何在现实世界中就技术的使用做出决定——而我们应该"信任"他们能够就设备的使用做出正确的决定。当我向同事指出，研究表明，与经常使用社交媒体的伙伴相比，较少使用社交媒体的孩子实际上更快乐时，他们的回应含糊其辞。

我们需要帮助我们的孩子成为负责任的技术使用者（就好像使用了社交应用程序才能表明孩子是有自主权的人似的）——针对这一观点，我进行了长期而深入的反思。然而，我不再信任这种"民主"的技术使用方式——至少对于13岁以下的孩子来说是这样。问题在这里：如果存在两个世界怎么办？一个是"平行"世界，一个是"真实"世界？在平行世界中，设备的使用成为日常，并被视作儿童世界中良性且必要的存在。儿童需要与他人保持联系，因此他们对电子设备的使用被视为一项权利。任何敢于违背这一共识的人在这个世界里都会被视为勒德分子。①

然而，在真实世界中，对于那些年龄尚小、没有能力批判地看待自己看到的内容，也不理解自己会受到何种影响的孩子来说，使用电子设备有一些好处，但也存在真正的危险。青少年时期的一个主要倾向是社会比较。可是，如果他们发现自己与看到的比较对象相距甚远怎么办？如果在持续的比较中，他们发现有那么多美丽的、愉快的、不切实际的人和事，而这一切都超出了他们的掌控能力怎么办？看到许多外表漂亮的人——那些人只想展示自己最美的一面，这对你的孩子和青少年来说可能是有风险的事。在互联网上，他们接触到了比生活中多得多的"别人"，这些人的每一根睫毛都是完美的。

我们需要告诉孩子社交媒体平台的设计原理是什么。程序设计者为了吸引用户，会使用算法达到使人上瘾的目的。以下是关于最流行的社交媒体平台和在线游戏（你的孩子即将或马上就要使用它们）的事实：

- 它们由营利性公司运营，这些公司希望客户留在它们的平台上，或者继续玩它们的游戏，鼓励用户下载优惠内容以解锁更多级别。
- 这些平台设计的一个重点是"黏性"的概念。平台的"黏

---

① 勒德分子，又称卢德分子，是19世纪英国工业革命时期，因为机器代替了人类而失业的技术工人，现在引申为持有反机械化以及反自动化观点的人。——编者注

性"基于致人上瘾的设计。也就是说,黏性设计的目的是维持用户的注意力,平台会提供实际的或可感知的奖励,目的是用户持续使用该平台。

- 在算法的驱动下,用户会访问以前感兴趣的网页、账户或游戏。这些算法设计的目的就是将用户引导至与之前的搜索和偏好一致的主题内容。
- 社交媒体应用程序和在线游戏致人上瘾的能力可能比孩子对它们的控制力更强。这正是上瘾设计的目标:为了使用户留存得更久。

根据"儿童"的定义,他们是依赖成人的。换句话说,比起能够自我管理的成人,儿童更容易受到父母允许他们看到的事物的影响。"技术成瘾"这个词目前被广泛使用。重申一遍,我们需要限制儿童使用社交媒体应用程序和在线游戏的原因,是为了保护他们免受负面影响。字典中对成瘾的定义是:"对某种特定物质或活动上瘾的事实或状况。"例句:"他犯罪的原因是为毒品成瘾提供资金支持。"

虽然给孩子贴上"技术成瘾"的标签可能不合适,因为他们仍处于发育阶段,但我们可以重点关注成瘾设计在儿童中创造"习惯化"行为的方式。珍妮·拉德斯基(Jenny Radesky)是密歇根大学医学院的发展行为儿科医生兼儿科助理教授,她曾为美国儿科学会编写屏幕使用时间指南。她谈到了成瘾设计的问题。"我发现给年幼的儿童贴上'成瘾'标签有很大问题,因为儿童对于技术对自己的诱惑是没有'元认知'的。"⁴此外,她还强调了技术引发的其他问题,例如对儿童睡眠习惯、发育和自我调节能力发展的影响。

如果你的孩子沉迷于某项应用程序,那么他们可能已经处于过度使用技术的状态了。儿童早期对技术的"过度使用"牺牲了更平衡的生活(例如与家人相处或与朋友面对面相处的时间),为了将其消灭在萌芽状态,你可以与孩子达成协议。我的同事乔斯林·布鲁尔(Jocelyn Brewer)有一些关于制定家庭电子设备使用协议的好建议,你可以在 www.digitalnutrition.com.au 上找到这些建议。

此处贯穿的主题是,你需要监控孩子浏览的内容并限制他们使用设备的时间。你还需要与孩子讨论这些话题,以便你们能就在网络上看到的内容保持开放的沟通。有40%的13岁以下的儿童使用Instagram,如果我们认为他们不会受到影响就太天真了。⁵

脸书(Instagram的母公司)最近进行的一次研究表明,在原本就对自己的身体不满意的女孩中,有三分之一的人表示Instagram让她们感觉更糟。男孩和女孩都表示自己在Instagram平台上受到了影响。40%使用Instagram的男孩表示,他们经历了负面的社会比较。⁶在被迫证明使用Instagram有正面意义的主张时,脸书称青少年需要社交联系,而Instagram等社交应用程序为青少年提供了联系平台,以此淡化了Instagram的负面影响。

你可能倾向于相信自己的孩子与众不同,但Instagram让人上瘾的原因在于，一旦孩子开始查看某些主题（例如节食或身体图像的页面），算法就会持续推送符合这些主题的网站、链接和图像。这既是算法的优势，也是它的问题。它可能是隐蔽和不易觉察的，但对儿童来说仍然是一个问题。

毫无节制地使用社交媒体造成的破坏性影响对于年轻女孩来说尤其令人担忧。美国研究者黛博拉·坦宁（Deborah Tannen）表示，女孩之间的互相排挤与美国10岁至14岁青少年的自伤和自杀率上升有关。感觉自己被同龄人（他们在社交媒体平台上看到的那些同龄人）"排除在外"的青少年数量达到了历史最高水平。[7]

我建议你打开孩子的设备并将其设置为晚上7:30离线。你可以下载一个家长控制应用程序或通过大部分智能手机上的家长设置功能来完成此操作。如果你希望恢复晚间家庭生活，这是一种方法。

在缺乏强大的内部控制点的情况下，如果允许儿童无限制访问网络，他们的心理健康可能会受到影响。因此，允许孩子提前使用社交媒体平台就是允许外部事件对他们的心理健康产生不必要的有害影响。当他们还没有准备好时，允许他们使用社交应用程序会让他们不快乐。这不仅仅是我个人的观点，供应商自身的研究也表明，在使用某些社交应用程序之后，儿童的焦虑和悲伤程度提高了。我对此再清楚不过了。那么，为了保持孩子的心理健康，你需要对他们使用技术这件事设定界限——至少在他们年幼的时候。在孩子13岁以前，你还有时间培养他们的内部控制点。

- 尽可能推迟为孩子购买第一部智能手机的时间。你无法阻止向你袭来的潮流，但你可以为自己争取一些时间来提高孩子的内部控制技能。
- 尽量推迟他们开始使用 Instagram、TikTok 和 Snapchat 的时间，尤其是在他们 13 岁之前。
- 与你的孩子讨论 Instagram、TikTok 和 Snapchat 是如何用远离现实的榜样与他们比较，并导致孩子不快乐的，帮助他们批判地看待应用程序并了解社交应用程序如何影响他们的思维。

在孩子要求你为他们购买手机和你最终购买手机这两个时间点之间，你要帮助他们拿到"实习牌照"。

虽然智能手机能让孩子找到乐趣、浏览图片、保持与他人的联系，但它们也让孩子通过互联网接触到了人类行为的阴暗面。通过智能手机，孩子们提前接触到色情内容。他们在智能手机上接触到有害和可怕的内容，其中包括反社会内容，例如自残和自杀网站、暴力和其他宣扬不文明行为的网站。孩子们在学校聊天和发消息时会分享这些网站的信息，而家长对这些信息的传播知之甚少或一无所知。

从好的一面来看，年轻人利用社交媒体软件取得联系对他们有一些明显的好处。如果没有智能手机，他们从哪里得知"死党"聚会的消息呢？

要不要给孩子一部智能手机，并不是一个非此即彼的问题，也不是一件需要父母简单表示"同意"的事情。正如孩子会随着身心的成熟逐渐变得独立,经过一段时间之后再让他们获得使用智能手机的权利可能是一个好主意。毕竟,我想这部手机无论如何都是由你来买单的!

为孩子购买第一部智能手机的五个注意事项

以下是我给考虑为孩子购买智能手机的父母提供的五个建议。

1. 在最终为孩子购买智能手机之前,考虑先买一部非智能手机。

2. 事先关注他们在家中使用网络的情况,就网络安全问题与他们沟通并对他们进行指导。在他们的笔记本电脑上设置网络过滤器以规避有害信息。现在做到这一点并不难。

3. 在他们年满13岁之前,不要给孩子智能手机或同意孩子访问社交媒体平台。这是监管机构的建议。监管机构表示Instagram、TikTok和其他平台是有年龄门槛的。

4. 如果你已经在孩子13岁之前为他们购买了智能手机,请在上学期间将他们的手机放在家里。他们在学校没有手机也能生存,而且,在不被分心的情况下他们会更好地学习。

5. 与你的孩子签订智能手机使用协议。有关此类协议的示例,请参阅乔斯林·布鲁尔的网站:https://jocelynbrewer.com/resources/。

第8章 保护孩子的大脑

遗憾，我是有一些的

我想，接下来要讨论的内容对你们中的一些人来说可能很困难。当孩子要求使用电子产品时，父母可能会感受到巨大的压力，此外，"与人比较"的压力也会对家长产生很大影响。然而，这是你的孩子，不是别人的。越来越多的证据表明，当代儿童越来越容易分心，注意力越来越难以集中——这严重影响了他们理解复杂想法和处理情绪的能力。你需要记住，孩子的思维尚未发育完善，他们无法同时关注太多事情。他们并不总是能够分辨什么对他们有好处。如果你已经把 Instagram 的精灵从瓶子里放出来了，或是你过早给了孩子一部智能手机，你可以改变主意，删除软件或收回手机。如果你需要与孩子联系，可以给他们一部非智能手机。

我明白，我们无法永远保护孩子远离现实世界，如果我们认为他们不会通过朋友的手机接触社交媒体平台，那就太天真了。不过，我们至少可以避免不加过滤的网络通信系统对低龄儿童的心理健康产生负面影响——这种影响是已经得到证明了的。作为父母和照顾者，我们应该用心对待我们交给孩子的东西。总有一天，他们能更自由地使用技术并享受技术带来的所有好处。与此同时，我们最好把时间和精力花在帮助我们的孩子培养强大的主人翁意识上，从而让他们能够以批判的眼光看待互联网和社交应用程序在他们生活中所扮演的角色。

我们坚持在孩子使用技术之前应该经过我们的许可，这是一回事；假设孩子能够自控地使用技术是另一回事——特别是当Instagram和其他平台能通过"令人上瘾的设计"让用户着迷时。

以下是关于技术使用的一些基本规则：

·平衡孩子的屏幕使用时间和其他社交活动时间。

·睡前一小时禁止使用任何科技产品。

·请与孩子讨论他们使用科技产品的情况，因为他们可能并不像看起来那样心中有数。

注视你的孩子

随着父母使用电子设备的时间越来越多，经常"注视"孩子的父母变少了。同样，孩子也不再那么关注父母。越来越多的证据证实了我们的怀疑，即电子设备影响了父母"注视"婴儿和幼儿的时间。在过去的二十年里，父母和孩子之间的目光接触减少了。这就产生了一些问题。如果父母不花时间注视婴儿，婴儿就会丧失练习从兴奋到平静的机会。从兴奋到平静的动态变化是儿童自我调节能力形成的基础。著名婴儿精神病学家艾伦·肖尔（Alan Schore）表示，早期（大约从两个月开始）对儿童的注视是未来儿童自我调节能力发展的必要条件。这是一件相当重要的事。如果目光的注视最终可以增强儿童的自我调节能力，那么，每天有意识地注视我们的孩子就很重要。

我的朋友凯特·丹尼尔斯（Kate Daniels）博士是一位经验丰

富的言语病理学家，她说她看到越来越多表现出"自闭症状态"的儿童，而这些孩子事实上并不是自闭症患者。她只是在告诉我们，越来越多的孩子无法注视对象。我们推测这样的现象可能与成人和儿童之间缺乏依恋体验有关：母乳喂养率下降，父母的注意力被电子设备分散，父母使用电子设备作为安抚孩子的工具。

相当令人担忧的是，加拿大的研究表明，每天超过两个小时的屏幕使用时间与儿童行为问题的显著增加相关。[8]世界卫生组织最近发布了关于婴幼儿接触电子设备的指南。该指南建议"5岁以下儿童不要花太多时间看屏幕，1岁以内的儿童不要接触电子设备。"[9]。这些建议流于只是说说的形式，并未得到执行。

彻底停机时间

我们的身体和大脑是相互联系的，大脑中命令身体运动的部分与负责清晰思考的部分相邻。运动比思考本身更能提高思考的品质。这在一定程度上是因为运动刺激并增强了内侧前额叶皮层的控制功能。锻炼对于放松警觉也至关重要。通过步行、跑步或游泳，我们可以提高"心理处理"能力。这种处理能力或回顾事物的能力是健康生活的一个重要方面。

在斯蒂克斯鲁德（Stixrud）和约翰逊（Johnson）的著作《茁壮成长的孩子》(the Thriving Child)中，在讨论如何为孩子的健康生活创造良好的环境时，他们谈到了"佛脑"(buddha brain)及其使用方式。"佛脑"隐喻处于安定状态的大脑——这时大脑正处于休息状态。当我们没有做任何需要集中注意力的事情时，我们的"佛脑"就会启动。我们没有专注于任何一件事上（比如专注地看电子设备），我们散漫地想着未来或过去的日子。

默认模式网络（DMN）是一个由相互联系的大脑区域组成的大规模网络，已知这些区域的活动彼此高度相关，并且与大脑中的其他网络有所区别。斯蒂克斯鲁德和约翰逊说："我们对默认模式网络功能的理解还很有限，但我们知道它一定非常重要，因为它使用了大脑60%～80%的能量。"[10] 当我们坐在候诊室里等待叫号或晚饭后放松时，如果我们没有阅读、看电视或打电话，大脑的默认模式网络就在处理我们的生活。当我们在做白日梦、进行某些冥想以及当我们睡觉前躺在床上时，它就会被激活。默认模式网络是对自我和他人进行反思的系统。这是我们大脑中保持"离线"的部分。

健康的默认模式网络对于大脑来说是必要的：

- 它将信息存储在可以永久保存的区域
- 获得洞察力
- 处理复杂的想法
- 激发真正的创造力

当我们在脑海中反复重播某个场景时，当我们为此感到痛苦并陷入消极的思维循环时，这种心智游荡是不健康的——这是反刍思维。消极的思维循环是反刍思维的重要特征。

每天每个人都需要一段没有压力的休息时间。我们的价值观要求我们把事情做好,但研究表明,彻底的停机时间也非常重要。默认模式网络开启和关闭的效率越高,它处理生活事件的能力就越强。能够有效地开启和关闭默认模式网络的人心理健康状况更好,好像具备一个有效的压力反应器,能在需要时快速启动,在不需要时快速关闭。焦虑症患者的默认模式网络无法有效发挥作用。

在我们生活的世界,停机时间与忙碌时间通常是竞争关系。仿佛停机时间越少,人们的生活越有价值。这种过度生产的文化也会影响到我们的孩子。事实证明,在一段密切的人际联系之后度过一段安静时光对我们有好处。如果说我希望你读完这本书之后做一件不同的事,那就是让你的孩子什么都不做——至少让他们度过一段没有手机的时光。

后 话

最近,你有可能忽视了上述一些问题。生活变得忙碌——生活的忙碌意味着我们可能忽视某些标准。你无法撤回过去做过或没有做的事情。我不能美化事实。如果你想让孩子的焦虑有所减轻,那么他们需要解决这些基本问题。

孩子需要"提醒",而你需要在家中设置一些规则,从而让他们的大脑保持在良好状态。如果你希望他们学会控制焦虑,你需要做的有:

- 确保他们按时睡觉、按时起床。

·限制他们对电子设备的使用（直到青春期——就算到了那时仍然要有一些规则）。

·努力每天给予孩子有效关注。

·让孩子去散步或是进行重复性锻炼（例如游泳），确保他们有户外运动和远离科技产品的时间。

因此，从现在开始，让自己建立一些习惯，目的是增强孩子维护大脑状态和管理焦虑的能力。你不必在每个领域都做到完美，但70分总比20分要好，希望你理解我的意思。

小结

·决定孩子是否具有处理焦虑的能力的一个关键因素是他们是否拥有良好的心态。

·你需要在四个主要领域拥有"主要发言权"：孩子的睡眠时间；孩子使用科技产品的程度和类型；与孩子保持良好的依恋关系；给孩子彻底停机时间。

·即使你在这些方面（睡眠、科技产品、依恋、彻底停机时间）改善了70%，这也足够了。

第9章 训练孩子克服恐惧

对于我们所有人来说，在某些情况下感到恐惧是正常的。某些事情可能会突然发生，而且发生的速度足够快，于是我们被吓了一跳，心脏剧烈跳动。如果你正要走上马路，一辆车突然在你面前呼啸而过，你会感到恐惧——这是正常的反应。我们会感受到肾上腺素的激增，"战斗或逃跑"系统随之启动。

最初爆发的恐惧，可能会令孩子丧失行动的能力。在他们学会如何控制恐惧之前，你不会希望他们养成这种习惯。如果发生这种情况，这种恐惧反应可能会导致他们对世界形成一种情绪化推理的认知方式。成年人在经历恐惧时可能能够立即抑制或克服恐惧，但孩子们则更依赖周围重要的成年人来帮助他们改变面对恐惧的反应。如果孩子总是以惊慌的态度面对恐惧，这可能会成为一种习惯。孩子最初的感受和想法可能会引发一连串的警报反应。我们在本书的第一部分谈到过，父母可以提供早期的脚手架让孩子恢复平静——不是一味安抚孩子，而是要提高他们自己冷静下来的能力。要做到这一点，孩子身边的成年人既要支持他们，又要鼓励他们"勇敢尝试"。

几乎所有成年人都能控制自己的恐惧

我是《星际迷航：发现号》的忠实粉丝。在第三季的第二集中，发现号宇宙飞船迫降在一颗外星球上。萨鲁上尉（凯尔派人）和他的一名工作人员蒂莉少尉（人类）从坠毁的宇宙飞船中出来，想看看这个星球上还有没有其他人。一路上，蒂莉少尉对他们可能遇到的人感到恐惧，她对萨鲁船长说："我忍不住担心我们会掉入陷阱。"萨鲁上尉转向她说："少尉，我永远不会指望我的任何一位船员不会感到恐惧，但我现在要求你克制住恐惧。你同意吗，少尉？"蒂莉少尉犹豫了片刻，然后回答道："100%同意，上尉！"

我们来谈谈蒂莉少尉。让我们对她做出一些假设（对了，萨鲁船长也是这样做的）。首先，他假设蒂莉少尉害怕了。其次，他假设她可以"克制"她的恐惧——也就是说，她可以调用自己内心的能力来改变自己的恐惧反应。最后，他假设（也许）她知道如何做到这一点。

当然，对于大多数成年人来说，第一个和第二个假设都是正确的。大多数成年人可以按照自己的意志控制自己的恐惧或让自己恢复常态。大多数成年人都有一定的能力让自己平静下来或是让自己回到心理平衡状态——很好的词，对吗？平衡状态也就是我们的休息状态。它是我们的心理正常运作时的状态，也是我们从惊吓中恢复原状的状态。我们的心率减慢，感觉更平静。你可以帮助你的孩子恢复平静，不过，在具体的方法上他们需要一些帮助。

关于恐惧，需要记住以下几点：

・恐惧通常是对意外或紧迫事件的反应。

・恐惧可能与之前的经历有关（例如你被狗咬过，就会害怕以后再遇到狗）。

・对于成年人来说，大部分恐惧情绪可以自行消退。

・可以教会孩子改变他们对压力源的反应方式。

你可能记得，萨鲁上尉"提醒"他的少尉要抑制她的恐惧时，谈话中出现了一个间隙。在蒂莉少尉自我纠正之前有一阵沉默。她认可了队长的话，随后恢复了平静。在我的想象中，蒂莉少尉有能力与恐惧作斗争并让自己"恢复平静"。我还想象她曾经接受过"让自己平静下来"的培训——就像许多从事高压工作的专业人士一样。有时，一些成年人也缺少获得这种能力所需的"关键转折"。他们没有接受过针对此类事件的训练——而我们所有人都不可避免地会遇到这类事——因此他们缺乏让自己恢复情绪常态的能力。我所谓的训练指的是一个人使用降低唤醒水平的技术让自己的心跳速度回归正常。潜水员学习使用某种呼吸练习来恢复平静。就像潜水员能学会快速平静下来一样，所有人都可以学习减少"身体恐慌"的技能，我们只需要了解具体的方法。

回顾一下，恐惧、惊慌或出现失控反应都是正常的，我们都会在某些情况下经历恐惧。现在让我们学习两个程序或工具，帮助你的孩子管理恐惧反应。

恐惧管理工具1：暴露

帮助孩子控制恐惧的第一种方法是让他们渐进式地暴露于引发恐惧的情景，从而逐渐让他们接受挑战。

首先，我想告诉你如何设置暴露的层级。过去有心理学家认为某些形式的焦虑可以"消除"。如今我们看到的事实似乎是这样的，通过多次暴露于轻微的恐惧情景下，同时逐渐控制不断增加恐惧的程度，这些小小的成功都有可能累加起来！我们很有可能学会用更好的方法来控制恐惧。与其他形式的焦虑一样，恐惧反应通常不会消失——但我们将更善于"恢复平静"。[1]

有5%的人不适用于这种方法。他们可能会出现与创伤后应激障碍（PTSD）相关的症状。然而，大多数心理健康的孩子都可以学习让自己平静下来的技巧。对于少数患有创伤后应激障碍的孩子来说，他们的反应（恐慌情绪）不受他们的意识控制。如果一个人对某件事有创伤性应激反应，这意味着他们尚未学会如何控制自己的反应。针对这种恐惧反应的治疗方法是帮助患者重新整合最初引发创伤的经历，即所谓的现场暴露疗法。然而，为了确认这种治疗方法是否恰当，心理学家需要对患者进行评估，排除创伤后应激障碍治疗的禁忌症，如抑郁症或自杀倾向。但是我要再次强调，这不是我建议你去做的事。大多数儿童并未患有创伤后应激障碍（包括患有焦虑症的儿童）。

第9章 训练孩子克服恐惧

事实上，大多数孩子都可以学会如何通过将恐惧分解成更小、更容易管理的部分来克服恐惧。渐进式暴露是心理学家用来解决恐惧问题的主要工具，例如对蜘蛛的恐惧和对乘坐飞机的恐惧。在暴露疗法中，每提高一个层级，个体将有机会对恐惧场景产生新的认识。通过让孩子分级暴露于引发恐惧的事件，孩子可以使用新的经验来驳斥不准确的恐惧联想："这件事不像我想象中那么可怕。"

暴露疗法的目的是提高对引发恐惧的事物或事件的容忍度，其思路是，通过多次成功面对害怕的东西、情况或事件（包括最终全然面对过去害怕的东西、情况或事件），练习者可以更好地管理恐惧。设置层级是为了激活新的应对恐惧的神经通路，或者说是将"旧通路"用于"新目的"——即创造新的神经通路。"感受恐惧，放胆去做"是如今很流行的说法，这是很重要的能力！我们所有人都会在某些时候需要做一些最初感到讨厌的事。当你的孩子在学校经历了糟糕的事情，要求他们立即放下所有恐惧去上学可能是很难的。然而，如果每次他们只要"不想"上学就不去上学，其代价可能是你不愿承受的。长时间不去上学确实会让孩子变得退缩，而且，如果你必须去上班，事情会变得更麻烦。

渐进式暴露的方法可被用于面对最可怕的事物。它可以成功地帮助孩子鼓起勇气拍拍狗狗或尝试在课堂上演讲。这里有一个用这种方法帮助孩子参与足球游戏的例子（表9-1）。

表9-1　帮助孩子参与足球游戏的渐进式暴露法

层级	情景	恐惧程度（满分10分）
12	踢完一整场球赛	10
11	踢完半场球赛	9
10	在球场上持续踢10分钟	9
9	穿上踢足球的服装，作为候补球员在长凳上等待	8
8	在周末球赛时坐在教练旁边观赛	7
7	帮助教练分配跳投	6
6	参与一场真正的比赛，给其他球员分发橘子	5
5	参与一场练习	4
4	观看其他孩子们练习踢球	3
3	观看教练解释技术	3
2	由一名成人陪伴孩子观看练习过程	2
1	坐在旁边看朋友们踢足球	2

为你自己面对的情景设置一个暴露层级并不难。你在105页可以找到一个空白的表格。下面是开始的方法：

・确定你希望达成的目标（比如，帮助你的孩子完成一整场足球比赛）

・从该情景最可怕的一步到最不可怕的一步，按照倒序列表，这样你往上升一个层级，情景令人抗拒的程度会增加一分。

・当焦虑的孩子最终决定迈出可以承受的第一步时，启动这个项目。

你可以通过设置层级来规划孩子对某一可怕事件的参与度，

并在这个过程中给予他们支持（肯定他们应对事件的能力，甚至在他们每次取得成功时奖励他们）。

在设置层级来帮助孩子面对恐惧时，我并不是在否认或淡化孩子可能确实感到恐惧的事实。然而，由于儿童的认知能力有限，他们看待事物的方式并不总是成熟的。派克说过："通常，不成熟的儿童管理恐惧的能力并不总能与事件客观的'恐惧'程度成正比。"如果我们将任务分解为一些步骤，那么就可以帮助孩子在摔倒后重新上马，这样，他们就可以一步步地完成任务。

· 你可以在几周乃至一个月中使用这一流程。设置层级时你需要采取正确的方法。

· 告知孩子你希望他们试着解决问题，并且你会使他们面对恐惧的过程变得容易。

· 帮助者（也就是你）和孩子一起设置一个"好用"的层级。

· 帮助者（还是你）将支持孩子完成一系列逐渐接近目标的任务，以实现想要的结果。

· 每当孩子迈上更高的台阶，你可以为他们的成功设置奖励。

案例：简和安德鲁如何使用暴露阶梯

简和安德鲁发现，汤姆在新冠疫情大流行后不想去上学，而他们对此毫无办法。汤姆待在家里的时间越来越长，这是谁都没有料到的。当他最终必须回到学校时，他很担心自己的表现。你可能还记得,汤姆从前就很介意别人的评价。疫情给了他另一个回避的借口。简和安德鲁知道他们希望汤姆再次融入学校的社交生活,回到恰当的学习环境。

表9-2的示例中填写了第一步、中间一步和最后一步。如果你想试试看,可以填写它们之间的层级。

表9-2 让汤姆再次回到学校的暴露疗法分级示例

层级	情景	恐惧程度(总分10分)
12	不需要家长的推动就可以上学	10
11		
10		
9		
8		
7		
6	穿好上学的衣服,早上到学校一小时	6
5		
4		
3		
2		
1	起床并乘车经过学校	1

每当你的孩子前进一步,你都要庆祝或关注到他们的进步,这一点很重要。这有两个作用:当你告诉他们你看到了他们的表现,原本无形的进步变得可见了;你认可了他们的勇气、努力和"尝试"的能力。

表9-3是一张空白的表格,供你在家庭中使用。

表9-3 暴露疗法的分级空白表格

层级	情景	恐惧程度（总分10分）

恐惧管理工具2：降低唤起水平的技巧

帮助孩子控制恐惧的第二组策略是使用自我平静技巧——这需要正式的教学。对于这组策略，你需要提前向孩子演示具体的使用方法。你的目标是，通过预先教授这些策略，使孩子下次感到紧张或惊慌时，在提示下就可以使用这些策略。通常这些技术被称为"降低唤起水平的练习"，而且你不必成为心理学家才能教你的孩子这些技能，它们很容易。

当你想训练孩子立即冷静下来时，就可以使用这些技巧。你是否注意到，有时你的孩子会表现得很亢奋或是很浮躁?

他们可能会显得精神高涨或过度紧张。这些练习适用于此类情况。

呼吸华尔兹

如果孩子感到惊恐或是变得紧张，你可以让他们用鼻子吸气（从1默数到3），然后用嘴巴呼气（比吸气的时间更长一些）——重复五次，可以帮助他们找到现实感。因为氧气可以使心跳加快，所以吐气的时间稍微长一点是很重要的。通过有意识地使呼出的气体多于吸进的气体，从而使心脏缺氧，可以逆转心跳过快的状况。对于成年人来说，将这样的呼吸过程重复十次后心跳会变慢，但对于儿童来说需要的次数少一些。一旦孩子学会了这样做，你可以在必要的时候提醒他们"请先做呼吸华尔兹，然后我们可以谈谈"。

在腿上写字母

让你的孩子和你一起大声说出字母表中的字母，并同时在你的大腿上面描画每个字母。从头到尾写完26个字母。写完这些字母后，你的担忧或思维循环会停止。当你在大腿上画出每个字母的轮廓时，大声说出字母的名称"A"，然后是"B"，然后是"C"，等等。告诉你的孩子，"当你发现自己很忧虑，而且无法摆脱一些念头时，我希望你做这个练习。通过做这个练习，你可以控制你的忧虑"。

"我是安全的"催眠术

教孩子观察他们可以看到的五样东西（在周围的房间或空间中），听可以听到的五种声音（在周围的房间或空间中），触摸可以触摸或感觉到的五样东西（例如裤子上的布料或脚在鞋子里的感觉）。然后，让他们主动去看四样眼前的东西，去听四种声音，去触摸四种可以触摸或感觉到的东西；然后减为三件事，然后减为两件事，最后减为一件事。如果慢慢来，这个过程大约需要7分钟。告诉你的孩子，"当你发现自己陷入思维反刍或感到担心时，我希望你做'我是安全的'练习。它将帮助你摆脱自己的想法，并为你提供一个继续前进的机会……你还可以做其他事情"。

在库珀家中，艾玛经常突然变得情绪激烈（有时甚至会出现气喘）。简和安德鲁花时间向经常显得疯狂的艾玛传授三种减轻焦虑的技巧，为此他们感到高兴。他们在艾玛平静的时候教会她这些方法（回忆：趁冷打铁），随后当艾玛变得过度激动，失去现实感时，他们会提醒艾玛应对的方法。他们发现，在艾玛学会这些技能后，她能够应对自己对事件产生的躯体反应。

几年后，艾玛向母亲吐露，当她必须在高中进行演讲时，她得以使用父母之前教给她的技能。对于简来说这是一个重大突破。她不仅帮助艾玛学会在童年的不同时期控制自己的身体反应，而且还赋予艾玛一种可迁移的能力，使艾玛可以在未来应对引发压力的事件。

> 小结

- 大多数成年人都可以凭意志力让自己平静下来，而且速度很快。可以训练儿童这样做。
- 成年人可以通过内侧前额叶皮层使杏仁核平静下来，但儿童更需要以身体为中心的技术使杏仁核平静。
- 任何孩子都可以学习简单易学的降低唤醒水平的技巧以恢复平静。随后成年人可以提示他们使用这些技巧来打断对过去或未来事件的循环思考。

第10章　多听听孩子的声音

帮助孩子学会调节焦虑的另一个重要工具是情绪管理训练。情绪管理训练已经有几十年的历史。[1] 在进行情绪管理训练时，辅导者会倾听并了解孩子的感受或经历。这个过程有助于化解负面的焦虑情绪。通过使用倾听技巧，可以帮助你的孩子"恢复平静"，并消除他们的焦虑状态。情绪管理训练还有一个益处，你可以使用这种技术来教会孩子更多与情绪相关的词汇，这最终将提高他们应对焦虑情绪的能力。

情绪管理训练在帮助孩子变得成熟方面扮演了三个重要角色：

· 它可以成为一个强大的行为管理工具，帮助管理孩子可能出现的强烈焦虑情绪。

· 懂得情绪管理训练的父母将教会孩子一门他们原本不懂的"语言"。最终，孩子们学会如何使用"情感语言"来描述自己的情绪。

· 情绪管理训练将在你和孩子之间建立情感纽带，让他们对你更亲近、更信任。

孩子缺乏的大脑能力

儿童看待事件的方式与成人不同。这种不同有别于两个成年人从不同视角看待同一件事，一个人感到不安而另一个人不会。当然，我们对同一事件有不同的解释方式，这就是为什么有些人会发生路怒症，有些人则不会。然而，孩子与成人看待世界的方式的不同并非源于这种视角的差异。儿童与成人的差异在于儿童的前额叶神经元放电较少。在某些情况下，儿童会感到恐惧，但成人不会。在某些情况下，成人会看到风险，但儿童不会。

有时我们必须使用成熟的成人大脑来为儿童做出决定。在这些情况下，情绪管理训练尤其有用。如果你可以引导孩子了解自己的感受，就可以提高他们对事态的理解力。孩子越小，他们就越依赖成人帮助他们整合强烈的情绪。儿童在长大的过程中，向成人学习如何应对强烈的情感。孩子可能很难想出正确的词语来描述他们的内心感受，因为他们的思维命名能力仍在发展之中。这是有道理的。两岁的孩子认识大约 200 个单词，作为成年人，我们认识的单词超过 30000 个。[2] 你掌握的单词越多，你的认知复杂度就越高，心理灵活性就越强。还记得第 3 章中的特拉维斯吗？他的"情感"词汇相对较少，其后果是，他没有发展出承受挫折的能力，他的内在对话能力也没有得到训练。尽管如此，我还是认为，像特拉维斯这样的孩子是可以被训练的。

为了锻炼身体，我有去海里游泳的习惯。我每周游泳三次，

第10章 多听听孩子的声音

沿着住处附近的海湾与大约 40 个人一起游一公里多（半英里多一点）的距离。因为只在左侧换气，所以我总是看不到右边拍打过来的海浪。大多数时候我尽量远离浪头，这样就不会被海浪击中。然而，有些时候我还是会受到汹涌浪潮的袭击。多年来我有过六次这样的遭遇。在这些时刻，情况可能会非常严峻——尤其是海浪很高的时候。这种情况每发生一次，我控制自己恐慌反应的能力就进步一点。

这种在瞬间变得惊慌的现象被称为"情绪劫持"。我们突然之间受到惊吓，事后才明白到底发生了什么。当海浪袭来时，我首先确保自己能呼吸到空气，然后我将头抬起，观察是否会出现另一波浪潮……然后，我知道我能做的最好的事情就是远离海浪即将拍打到的区域。我对自己说："我感到惊慌（我感觉我的心怦怦直跳），所以我需要用正确的方法呼吸。"我知道我有些害怕和惊慌。一旦我意识到自己的感受，就会提醒自己：我是一名游泳健将，我能摆脱这种情况，就像我摆脱其他困境一样。最终，我能够抑制住我的恐慌。这一切都发生在我的大脑中。虽然我的杏仁核仍然在为生存待命（它总是首先启动），但大脑中负责理解威胁的部分开始慢慢意识到正在发生的事情并重新被激活（它总是在杏仁核之后启动）。就这么简单，对于成人和儿童来说都是一样的，只不过儿童的大脑仍在努力学习第二个步骤。父母可以担任孩子这部分"新"大脑的教练，帮助他们冷静下来。通过表达对孩子的同理心或同情心，更成熟的大脑（有更丰富的情绪词汇）可以帮助不太成熟的大脑整合经验。孩子们需要生活中的成年人帮助他们对事件作出解释。

我最近去了一家购物中心，乘坐自动扶梯上楼——你可以把购物车推到这种电梯上面。当我到达终点时，一个4岁左右的小男孩正要走从上向下运转的自动扶梯，但他忽然停在自动扶梯的入口处。而他的母亲已经带着另外两个孩子走在他前面了。他一面想跟上母亲，一面又害怕登上自动扶梯。他踮起脚尖，拍着手臂尖叫道："妈妈！妈妈！"他的母亲把其他孩子留在扶梯上，转身回去把吓呆了的4岁男孩拖到自动扶梯上，然后他们就走了。显然，这对孩子来说是一个可怕的时刻，但对母亲来说不是！

我理解为什么这位母亲没有时间安抚她的孩子。为了回到被困的4岁孩子身边，她把另外两个孩子留在了自动扶梯中间。在这种情况下，这个孩子没有能力抑制他的杏仁核，他没有能让自己恢复平静的自我意识。

在此类情况下，可以使用情绪管理训练，尤其是需要帮助孩子处理强烈情绪时。幼儿的大脑依赖重要成年人的大脑来帮助他们"调整"对事件的情绪反应。我们在前文提到的西格尔的"幸福三角"理论中了解过这一信息。4岁的男孩需要母亲帮助他平静下来。

双脑理论有力地证明了这一观点。一个更有组织性的（成人）大脑可以在很大程度上帮助一个缺乏组织性的（儿童）大脑找到正确的标签和正确的词语，以阻止儿童的感觉劫持他们的理性。通过运用更多的技巧、词汇和短语，任何人都可以获得更大的思维灵活性，从而更容易客观地看待事物。

给情绪命名，从而驾驭情绪

如果你想通过情绪管理训练来帮助你的孩子，你需要找到可以描述他们情绪的词汇。

从某种意义上说，你的描述来自你的预期——以猜测的形式表达你对孩子的情绪体验的理解。是的，你的说法只是猜测，而猜测并没有问题。没有人能够真正理解或确定别人的感受。不过，如果你猜错了，孩子会告诉你，比如："不，我不焦虑，我很害怕。"

情绪管理训练不仅有助于识别负面情绪（如愤怒、沮丧、悲伤和担忧），还可以在你的孩子经历积极情绪（如快乐、兴奋或骄傲）时发挥作用。识别孩子的感受能够让他们感觉良好，同时也为他们提供了面对积极情绪的工具。

案例：库珀一家的例子

接下来，我描述的是简是如何与艾玛展开情绪管理训练谈话的，时机是在艾玛上床睡觉之前。

此前，安德鲁和简决定在他们家实行卧室内禁止使用手机的政策，但艾玛将手机偷偷带进了自己的房间。简以"发球和接球"的方式调整自己的反应以达到她希望的结果：她的目标是帮助艾玛识别自己的感受，同时，帮助艾玛将疯狂的自我与更理性的自我联结起来。

妈妈：艾玛，你知道，爸爸和我认为，如果你晚上不把手机放在房间里，你会睡得更好，在学校也能更好地学习。我想要拿回你的手机。

艾玛：（表情立刻变得严肃起来）你不是认真的！你只是不想让我跟朋友联系！

妈妈：（注意到艾玛明显变得不高兴，她看着艾玛，身体稍微前倾，用一种略低沉的声音说）艾玛，你的朋友很重要，这一点你没错。我能听出如果不能跟朋友联系你会感觉多难受。（她停下来等待）

艾玛：你拿走我的手机是不对的。其他孩子的父母都不像你一样！

妈妈：（看着艾玛的眼睛，再次降低音调，变得更加严肃）我可以看出你对我的要求感到沮丧。

艾玛：这不公平，我恨你。（皱眉，环抱双臂，藏起手机，转身走开）

妈妈：我猜你对我的做法感到很恼火。如果在你的处境，我可能也会有这样的感觉。

艾玛：你为什么不像路易丝的妈妈？她就让孩子晚上使用手机。

妈妈：让我看看我说得对不对——我看得出你觉得这不公平，

第10章 多听听孩子的声音

而且你感觉恼火,因为我想让你睡个好觉,从而让你在学校的学习状态好一些。

艾玛:你不拿走我的手机我也可以做到这一点!

妈妈:那么,你认为每晚只需要睡六个小时,你就可以在学校集中注意力,在考试中取得好成绩吗?(她等待着……)

(艾玛又抗议了一番,但已经不再生气了。)

妈妈:(伸出手去接手机)请把手机给我。

艾玛:这不公平!(抱怨并递出手机)

当你进行情绪管理训练时,不使用提问的方式是重要的,正如你在上面的例子中看到的那样。你希望确认你对某人感受的猜测是否正确,这是正常的,但提问会阻止信息流动。如果一个孩子对某件事的感受很复杂,而你问他是否感到不安,他就得回到自己的内心确认自己的感受。然而,如果你只是发表评论,例如"我看得出你对我的要求感到沮丧",孩子可以立即回应该评论,"这不公平。我恨你"。这是你想要的结果。你希望他们释放这种感觉,即使这对你来说有些冒犯。艾玛不必检查自己内心的感受,就可以直接回答妈妈并确认妈妈的推测是不是符合她的真实感受。

所有父母都可以通过反应性倾听这个简单的程序(以一种正面的方式)来避免孩子的情绪失控。你不能总是这样做(这是很耗精力的),然而,当你帮助孩子确认自己的感受时,你同时为他们保留了心理空间,从而很好地引导了他们的情绪。这就是反应性倾听的基本机制。

除了前文提到的好处,情绪管理训练还有以下作用:

·扩充他们的语言范围(通过向他们陈述过去可能没有听到过的语言);

·向他们表明你可以包容他们的痛苦。

情绪管理训练的实践

为了让我们对情绪管理训练的理解提升到一个更高的水平,我要向你介绍在我作为一名心理学家的职业生涯中学到的一些关于情绪管理训练或反应性倾听的知识。如果你想成为有效的反应性倾听的实践者,你需要使用的不仅仅是语言。当你在使用语言时,你需要调整自己的"身体姿态"(相对于你的孩子)并加重你的语气。

我们已经介绍过的部分相关语言包括:

·**我能听出**如果不能跟朋友联系你会感觉多难受。

·**我可以看出**你对我的要求感到沮丧。

·**我猜**你对我的做法感到很恼火。

·**让我看看我说的对不对**——我看得出你觉得这不公平,而且你感觉恼火。

上面句子的开头部分以粗体显示,是句子的主干。我建议你记住上面这四个句式。当你需要时,它们将成为你的救星。如果你花点时间记住它们,你会很快想起它们。当你需要使用这项技能时，它们是你首选的语言。

SOLER

倾听时的姿势和语气是比较难学的。当我学习咨询技巧时，我学到了一系列被称为 SOLER 的技能。我们当时是新手咨询师，学习 SOLER 的目的是让我们在咨询场景保持坐姿正确。这五个字母代表：坐着（Sit）、开放（Open）、身体前倾（Lean forward）、目光交流（Eye contact）和放松（Relax）。每个字母都是为了提醒我们在咨询中要以身体语言表达对来访者的关注。坐着似乎很简单，但实际上并非如此。我们得到的教导是，与来访者成45度角坐着，或是坐在他们旁边（如果我们直接面对来访者，他们会觉得有压迫感，所以最好与他们保持一个小角度）。开放意味着我们的姿势是开放的，例如，不要交叉或合拢双臂。L 代表前倾，这可能是最重要的字母，通过身体的轻微前倾，就能向对方传达你与他们在一起的信息，这表明你对他们所说的内容很感兴趣并且正在倾听。眼神交流和放松的意义就不必多做解释了。

语气

现在我们来谈谈语气。与一家公共事业公司或银行打交道时，如果客户服务代表对我说，"先生，我完全理解您对此感到多么沮丧。"（他们以一种非常安静、低能量的方式表达），我会这么想："不，你不会！你根本不明白！你只是鹦鹉学舌地向我重复你认为我想听的话，目的是要安抚我。"客户服务人员语气平淡的情况并不少见。这不是他们的错，因为他们受过保持平静的训练。然而，不带感情色彩、平静的回应的问题在于，这些话听起来可能有一种居高临下的感觉。它缺乏所谓的情感共鸣。如果它们听起来再生动一点就更好了。要想变得生动活泼，你不需要表现得像你的倾听对象那样愤怒或沮丧，但你确实要表现出关心的态度或些许真诚。如果某人情绪强烈，你千万不要以好像事态的严重程度只有 1 分（满分 10 分）的语气去回应。这是没用的。如果对方的生气程度达到了 7 分，你的语气所表现出的关心态度或真诚兴趣至少要达到 5 分，然后降低到 3 分，再到 2 分。如果你懂得我的意思，就会明白，如果你一开始只能达到 1 分，接下来就没有降低的空间了。还记得简是如何逐步压低声音的吗？

我们很难真正理解某人的感受。但重要的是，你要尝试全身心投入，使用最合适的情绪词汇，调整你的身体姿势（与孩子稍微成一定角度，身体稍微前倾）和你的语气（带着些许真诚和关心）来向他们表明你正在听他们说话。

让你的语调略低沉一些，甚至可以稍微皱一点眉，再加上身体稍微倾斜，你可以表明你正在努力理解他们的感受。这个例子很好地体现了亚里士多德的一句名言：整体大于部分之和。当你做到这三件事：用你的语言去倾听，用你的身体去倾听，用你的语气去倾听，不仅会收到更好的效果，还会让你的孩子感到你和他们是站在同一立场的。

情绪管理训练的关键原则

美国心理学家约翰·戈特曼最先提出了情绪管理训练的概念，并确定了情绪管理训练的一些关键原则：

- 把你自己放在一边，这件事与你无关。
- 以同理心倾听。
- 帮助你的孩子标记他们的感受。
- 帮助你的孩子解决问题，同时设定限制。
- 最终帮助你的孩子解决问题。

这些做法中的第一步是为了让你切换到倾听者模式——事情与你无关。第二步是以同理心倾听，这需要你观察孩子的情绪，但不要太受他们情绪的影响。观察和总结孩子的情绪可能很困难，尤其当我们是他们负面情绪的发泄对象时。"以同理心倾听"与"以同情心倾听"不同，同理心是尝试理解孩子，而不是拯救他们。"标记"指的是用准确的词语来表达孩子的情绪。准确的标签可以增加孩子的情绪词汇量，让父母能够与孩子真诚地交谈。当你进行情绪管理训练时，你可能需要记住一个关键说法，"接纳不是同意"。你并非同意他们的观点；相反，你所做的是帮助他们使用正确的标签，继而更好地处理自己的感受。

除了富有同理心的肢体语言和语气之外，你选择的词汇还要准确概括孩子的感受。如果你精于此道，可以让孩子学会驾驭情绪巨浪——通过深入感受反映他们情绪体验的词语。"设定限制"

意味着虽然你接受并爱你的孩子（这是不会改变的），但你不一定接受他们的行为。你的终极目标是让他们进入解决问题的模式。在情绪管理训练策略中，这一点常常被忽视。

提高孩子容忍模糊性的能力

凯特·墨菲（Kate Murphy）在她的大作《倾听的艺术》（*You're Not Listening*）中说，当咨询师运用认知行为技术时，他们可以通过认知重组帮助一个人克服焦虑或抑郁的思维。咨询师有效地帮助来访者"以不同的方式与自己对话"。一般来说，与语言更丰富的父母相比，焦虑的孩子更难对事件、状况或问题做出另一种解释。尽管如此，通过训练，孩子们可以学会这样做。有一些重要方法可以帮助孩子更好地发展内部对话，从而管理自己的情绪反应，你可以帮助他们发展这些对话。

通过你的倾听，以及支持性地理解孩子的感受，你可以帮助孩子发展"认知复杂性"。我们希望在孩子的整个童年时期培养他们的认知复杂性，因为这样做会减少他们的焦虑。他们能运用越多的单词和短语来描述正在发生的事情，心理灵活性就越高，焦虑就越少。通过更多的单词和短语来确认情绪反应，孩子可以用更复杂的解释来评估挑战，进而整合经验。

认知复杂性是值得努力去达成的。19世纪英国浪漫主义诗人约翰·济慈曾在一封信中写道，"要成为一个有成就的人，必须具备体验消极的能力"。他说，这意味着"能够停留在不确定性、神

第10章 多听听孩子的声音

秘性和怀疑之中,而不会急躁地追寻事实和理性"。正是这种品质——体验消极的能力——让优秀的倾听者能够应对自相矛盾或不一定明确的念头。

我们的认知复杂性越高,存储、检索、组织和生成新信息的能力就越强,这使我们能够以不同的方式与自己交谈。你可能还记得琼·罗森伯格对此发表的观点。为了培养情感力量,帮助孩子在关键时刻"驾驭"情感浪潮非常重要。如果孩子习惯于驾驭情绪的波浪,就会明白情绪体验不会带来灭顶之灾。此外,他们将有能力在痛苦中奋力前行。如果经历过大约六次此类经历,他们会感到自己更有能力度过焦虑时期。

情绪管理训练不仅可以提高孩子接纳自己感受的能力,还可以帮助他们停留在某种感受中更长的时间,从而学会应对这种感受。通过对孩子进行情绪管理训练,你让孩子有冷静下来的机会,而不是让他们过早地得出诸如"太糟糕了"或"我的朋友讨厌我"之类的结论。

我们在焦虑儿童身上观察到的行为反应有十分之九在一定程度上与儿童的发育水平有关,但这也意味着不成熟的反应方式没能被"阻止"。有些孩子还没有发展出理性的思维方式,他们无法控制自己的情绪哪怕片刻,因此他们也无法进入下一步:反驳自己的焦虑情绪和想法。因而他们自己通常也不知道如何长时间"忍受"这种不适,直到摆脱它或接受它。

通过使用第116页粗体部分的句式,辅导员向辅导对象表明他们正在认真倾听。这并不难。倡导积极倾听的著名心理学家卡尔·罗杰斯说过,当一个人被给予无条件的积极尊重时——也就是说,当他们只是被倾听,而不受到任何评判时——被倾听的人会产生一种被接受的体验。他们同时有机会从不同角度、不同层面探索自己的感受——你会记得我就是这样对待特拉维斯的。我的做法对他来说并不舒服,但有人这样对待他,对他以及他的情感发展都很重要。

在孩子焦虑的时刻,你可能会觉得他们"搞错了方向",你可能很想纠正他们。不过,我对你的建议是最好只是倾听。事实上,如果你能帮助孩子说出他们的感受,他们会从中受益。

当孩子体验到恐慌或威胁(无论是真实的还是想象的)时,他们的杏仁核可能会做出反应,他们也可能错误地把一个不明确的事件解读为可怕的,而你不会这样认为。他们可能会害怕在课堂上演讲或被意外的事情吓到。通过支持性倾听,你可以帮助孩子控制焦虑。

当我们的孩子对某事感到不安时,我们可能会想以各种方式做出反应。回到前文简和艾玛的例子。简可能很想这样做:

- 生气并喊道:"把手机给我,艾玛!"
- 提问:"你为什么不把手机给我?"
- 忽略艾玛的感受:"我不在乎你的感受,艾玛。"
- 用不成熟的方式解决问题:"好吧,那就拿着你的手机吧!"

你的孩子对你说他们"害怕"上学,你以好奇的语气回应说:

"我听得出你对今天要不要去学校有些犹豫。"无论如何,你没有替他们解决问题,至少此刻没有。你只需如实反映他们说的话,然后保持安静。

想象孩子可能正在体验的感受是情绪管理训练的第一步。有一种想象孩子感受的方法是把他们的感受看作"成簇"出现的,我称之为"情绪簇"。当我与父母们一起工作时,我使用钻石的意象帮助他们理解情绪。钻石的表面称为刻面,请将孩子的情绪看作钻石上的簇状刻面。刻面是钻石面向世界的表面。孩子的"情绪簇"是很容易识别的。英语中有超过600个描述情绪的单词,其中大多数用来描述负面情绪。所以,相信我,你可以识别孩子的"情绪簇",并在需要时想出三到四个描述情绪的单词。

如果父母能够反映孩子的情绪,大多数孩子都会有良好反应。在艾玛的例子中,她主要是因为被母亲限制使用手机而感到沮丧。简说出她认为艾玛正在经历的情绪,从而承认了艾玛的感受。简并不同意艾玛的做法,她只是帮助艾玛找到合适的词语来表达她的感受。她说出的感受——"难受""沮丧""恼火"等——稍有不同,但都很接近。

解决问题,或是搭建心理脚手架

在前面几页中,我强调,如果你的孩子有焦虑表现,重要的是要持续关注他们的感受,以便他们可以在你的帮助下开始组织自己的情绪。虽然帮助孩子识别自己的情绪很重要,但鼓励他们将情绪作为学习机会或解决问题的途径也很重要。

回到我们的基本观点。派克说过,成长的一部分就是学习正确看待事物,不要对小事过度反应。虽然你的孩子会对他们遇到的事件有强烈而"真实"的感受,但他们可能没有习得一种常规的权衡事件的方法,或是学会用科学的方法来解决生活中的问题。

他们需要你的帮助才能看到大局,并发展出能够思考问题的内心对话。把事情想清楚需要脑力劳动。如果你有过深度思考的经验,那么你可以帮助孩子做到这一点。这个过程可以称为心理脚手架,带领孩子经历这个过程是很重要的。认知心理学家会在治疗背景下这样做:他们致力于帮助孩子如实看待事件,他们用理性大脑思考应对事件做出什么反应,帮助孩子重新构建对事件的不同解释从而解决问题。

帮助孩子解决问题是情绪管理训练过程的重要组成部分。这样做不仅让他们学会更多成功克服情绪的方法(在你的帮助下),而且还能让孩子了解如何科学地看待问题:事实是什么,数据是什么,对于已经发生的事和未来可能发生的事可以做出哪些不同推测,面对这些状况可能的解决方案是什么。你可以提供支持,同时也可以帮助孩子养成良好的问题解决能力,学会考虑备选方案,管理自己的情绪反应。首先,你需要给他们以指导。这些练习需要在孩子的整个童年时期持续进行。黛博拉·克勒曼(Deborah Kelemen)认为这个过程类似于学习一门新语言。[3] 这项工作不能以零敲碎打的方式完成。

第10章 多听听孩子的声音

在下一章中，我们将仔细讨论如何向你的孩子提供支持，并鼓励他们提高情绪问题解决能力——我之前说过，如果你孩子到认知心理学家那里治疗焦虑，他们也会使用这种方法。

> 小 结

- 你的孩子知道的情绪词汇越多，他们就越能够运用复杂的认知解决内心冲突，从而控制焦虑。
- 父母需要提供额外的情绪词汇，从而帮助孩子更加细致地管理他们的焦虑。
- 请记住，首先，情绪词汇是由你说出的。尽量不要问问题，而是做出简洁的陈述，例如"我可以看到你对此感到愤怒"。

第11章　帮助你的孩子更准确地思考

在我受训成为一名心理学家的过程中，我们学习了认知行为疗法（CBT），我们使用这种疗法治疗有焦虑或抑郁问题的人。这种方法主要用于治疗有此类问题的成年人，有时也会用于治疗青少年。在众多心理疗法中，认知行为疗法的有效性得到了最多的证据支持。那时，认知行为疗法主要在病人出现症状后使用。直到现在，在传统意义上，认知行为疗法仍然没有被用作避免焦虑的早期干预工具。事实上，在过去的30年里，我经常想："为什么只有在一个人的焦虑症确诊之后才提供这些强有力的心理干预措施呢？为什么在出现焦虑或抑郁障碍的苗头之前，尤其是在儿童中，没有更多此类治疗方法可用？"

你可能记得，在第4章中我介绍了不良的思维习惯是如何轻易养成的，尤其是不成熟的大脑更容易受到情绪化解释的影响。如果没有人干预这些被误导的思维习惯，孩子会对生活中的压力做出不成熟的解释。

作为家长，你有责任帮助孩子培养更完善的思维方式。你可以在简短、随机的谈话中或是在其他时候（例如当孩子面临更困难的情景时）这样做。

你可以帮助你的孩子重新建立他们的叙事结构——他们如何组织事件以及如何质疑自己的自动化思维。教授孩子评估思维的新方式并使他们养成习惯可能需要几个月的时间。一旦你教会孩子以新的方式思考，你会希望他们最终能把这些技能运用在自己的生活中。请记住，这个过程有些像学习一门新语言，他们在学习新的短语和思考事物的新方式。在解决问题时，这是必要的科学方法。

你会记得，我在前面提到过焦虑的儿童和不焦虑的儿童之间的差异，即使是不焦虑的儿童，他们的焦虑程度也会比成年人更高。这一发现指出两个重要事实：

（1）孩子们需要接受指导，从而学会如何改变自动化思维。他们需要重要成人的帮助（短期游戏）。

（2）孩子们需要持续不断的机会来应用他们新学到的思维技能——一遍又一遍（长期游戏）。

一旦学会了认知行为疗法的基础技能，你就可以帮助孩子管理他们的焦虑。我的假设是，在家长主导的模型中，你可以使用自己完全成熟的心智帮助孩子建立更恰当、更准确、灾难化更少的崭新思维方式。

认知行为技术的早期发明者表示，焦虑的想法来自我们对事件的解释。他们借鉴了爱比克泰德（公元1世纪）等希腊哲学家的观点来表明，我们对事件的解释如何误导我们。爱比克泰德说过："真正让我们恐惧和沮丧的不是外部事件本身，而是我们思考它们的方式。困扰我们的不是事物，而是我们对其意义的解释。"

在第1章中，我们认为，无论是由杏仁核还是认知因素引发的焦虑，都会随着时间的推移而改善或恶化。当孩子们最终被诊断为焦虑症时，问题不是突然之间出现的，焦虑症是随着时间的推移形成的。这种看法的负面意义在于，一些焦虑问题需要一段时间才能解决。也就是说，即使你使用了正确的方法，焦虑的改善也可能落后于你解决问题付出的努力。

然而，一旦确认孩子处于焦虑状态，就可以做出补救行动。如果了解"模式"是如何形成的，父母首先可以及时识别焦虑，并指导孩子运用更好的管理压力的方式代替旧有的错误的叙事方式，由此"改善"孩子的焦虑。体育教练通过向运动员提供纠正意见，从而让运动员使用正确的技巧。黛博拉·克勒曼将教授一种新的科学流程比作学习一门新的语言。要达成这样的目标，碎片化的学习是不够的，只能通过反复练习。

如果孩子身边的成年人使用一些恰当的重构技术帮助孩子纠正焦虑思维，对有轻微焦虑症状的孩子会起到作用。通常，当孩子面临挑战或是面临某种损失时，他们会表现出焦虑情绪。当孩子面临某种特定的风险时，他们的焦虑最为明显。

通过帮助孩子面对负面事件提高复原力

过去几年里，我最喜欢的一本书讲的是一位美国女性如何学习玩德州扑克的故事。这本书名为《人生赛局》(*The Biggest*

Bluff），作者玛丽亚·康尼科娃（Maria Konnikova）在书中描述了她学习打扑克的技巧，以及后来集中练习这些技巧的过程。

她用12个月时间，成为德州扑克世界冠军！是的，你没听错：她原本对玩扑克一无所知，但在12个月内，她就把这个游戏学得非常好，甚至胜过那些成年后一直在玩扑克的职业选手。扑克不一定是你的菜。说实话，我不爱打扑克。但这本书精彩地讲述了哪些事情是我们可以控制的，而哪些事情取决于运气或机会。书中讲到康尼科娃在牌桌上经历惨败的一个时刻，她描述了当时自己是如何学会控制自己对失败——她的惨败时刻——的想法的。她指出，我们看待事物的方式——我们向自己或他人描述事物的语言结构会影响我们的情绪、观点和心态。

"这看起来可能是一件小事，但我们选择的词语——我们过滤掉的词语和我们最终选择使用的词语是表现我们的思维的一面镜子。语言的清晰度就是思想的清晰度……"[1]

我们如何解释自己经历的事件，以及解释事件时使用的语言，可以决定我们拥有内部控制点还是外部控制点。这就是为什么父母和老师需要对孩子们在描述他们的"惨败"故事时使用的语言保持敏感。正是在这些微小的时刻，我们需要"刹住车"，并通过帮助孩子克服恐惧、表达情绪或纠正错误的思维模式来改善他们的焦虑反应。我们的思路更多是为孩子提供控制情绪的模板，而不是简单地安抚他们或让他们转移注意力。我们的工作是帮助他们寻找证据或找到更准确的思维方式。对于焦虑的孩子来说，我们最感兴趣的是"怎样做"。他们需要了解处理问题的新过程。从不同的角度看待问题意味着我们有其他方法来解决当前的问题。

请记住，父母在"恰当"的时刻给予"敏锐的关注"才能帮到孩子。你仍然可以表现出同理心，但你也可以帮助孩子终止他们迄今为止的旧习惯。

用速战速决代替长篇大论

认知行为疗法技术的共同点在于，它们的目标都是重构治疗对象的思维方式。我们之前提到的认知扭曲（如情绪化推理、绝对化思维或灾难化）可能从小就成为孩子的习惯。

从发展的角度来看，13岁以下的少年儿童通常不太擅长一次花几个小时专注于学校课程。老师们都知道这一点。因此，他们的课程通常比13岁以上青少年的课程要短。小学教师会充分利用与孩子偶然对话的机会，帮助他们采用不同的方式解决"学习"问题。他们经常使用"两分钟"的谈话来取得良好的效果。

要记住的关键是，在孩子焦虑的时刻，你的定位是什么角色：

· 做他们的教练。将自己放在一边；这是孩子的事，与你无关。

· 通过帮助孩子发展内部控制点来表达你对他们的爱和关心。

· 尝试培养他们在这些方面的好习惯：恰当、准确地评估事物，使用丰富的词汇和短语来描述内心状态。

你希望你的孩子减少僵化的思维方式（总是强硬地说"不"）。接下来我就要向你介绍使用SALON脚本进行分步骤对话的四个要素，为了唤醒你的记忆，我再说一遍，SALON 代表：首先进行自我检查；认可孩子的感受；列出你注意到的内容；提出开放式问题；考虑现在怎么办。我希望你记住这种方法，随着时间的推移，它将在最大程度上帮助孩子强大内心，发展内部控制点。

关键问题不在于每一次谈话持续了多长时间，而在于你和孩子谈话的方向和质量。

你不必成为受训的心理学家也可以使用我教给你的技能。很明显，当父母（某种程度上充当非专业治疗师）知道应该关注什么时，他们就能对焦虑的孩子产生重要影响。

由于儿童与父母处于不同的发展阶段，因此无法将应用于成人的所有认知行为疗法技术用在孩子身上。你的孩子无法像成人那样获得一系列理性技能。他们的心智尚在发育阶段，与成年人相比，他们缺乏两种特征：一是成熟大脑具备的智力容量水平，二是抵御焦虑的自我力量水平。但这并不意味着我们不应该帮助他们进步。

帮助孩子运用思维之眼

我们将使用较为间接和更具探索性的方法。

凯茜·克雷斯韦尔（Cathy Creswell）和她的同事们在《家长主导的儿童焦虑认知行为疗法》（*Parent-Led CBT for Child Anxiety*）一书中表示，针对儿童焦虑症的最新疗法与其说是在教孩子成为

第11章 帮助你的孩子更准确地思考

更好的思考者与自我对话者,不如说是通过推动儿童的独立性和提高他们尝试新事物的能力来检验他们的恐惧。我的表达有些拗口。但从本质上讲,克雷斯韦尔和她的同事们表达的是,孩子们需要获得成功应对问题的经验,并且参与既有挑战性又能让他们更好地理解自身经验的对话。他们表示,如今的治疗重点已经不再停留于让孩子对威胁性想法进行逻辑性评估,"相反,我们专注于培养儿童对可能出现的结果的好奇心,从而鼓励他们面对自己原本会回避的状况。我们把这看作一种让他们在情境中学到关于自己的新知识的途径"。[2]

在孩子年幼时,我们就应该帮助他们从不同视角看待事物,对看待问题的不同方式保持好奇心,从而解决各式各样的问题,包括支持他们尝试控制焦虑情绪。为此,你需要思考如何用不同的框架看待问题。

让我举一个例子,汤姆·库珀在与一位朋友发生矛盾之后不愿意再回学校上学。根据汤姆和妈妈之间的相处模式,如果简为此向汤姆施加任何压力,他通常会立即陷入灾难化思维。他制造了一个场景,不出所料,简妥协了,同意汤姆整天待在家里玩他的电子设备。作为单一事件,这种情况可能不是问题。在生活中,偶尔让孩子休息一天是正常的。然而,现在我们已知这是他们互动模式的一部分(图11-1)。

简原本可以这样回应汤姆,我称之为简的"SALON"行动计划。

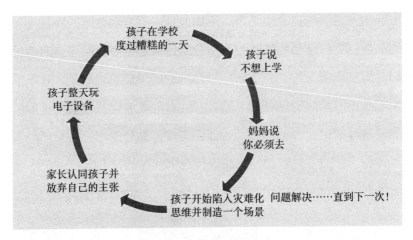

图 11-1 模式遵守的序列

S：自检

首先进行自我检查，让自己暂停下来。在这个例子中，简要问自己："现在是我和汤姆交谈的好时机吗？"

A：认可孩子的感受

如果你的孩子面临一个问题或是对未来的问题感到焦虑，你可以重新构建对话，而不是给他们一个答案。你可能"知道"他们面临的问题的答案，但在这种情况下，你要把自己的判断放一边，帮助孩子去自己处理问题。你可以带着好奇的态度，帮助他们考虑看待事物的其他方式，从而支持他们的思考。

在这个例子中，简可以说："在我听来，在与朋友发生矛盾后，你对是否要回学校感到不确定和犹豫。"

第11章 帮助你的孩子更准确地思考

L：列出你观察到的内容

通过列出观察到的情况，你可以使不可见的事物变得可见。

一旦简认同了汤姆的感受，她就需要转变态度并帮助汤姆客观地看待问题。在这种情况下，简通过描述正在发生的事情，使不可见的事物变得可见。在此步骤中，你的任务是说出或描述你所观察到的情况。简可以说：

这就是我注意到和从你的话中听到的内容：（在此处，你对他们重复他们的原话，这样做可以使不可见的变得可见。）你说，你和凯西发生了争执。你告诉我他怒气冲冲地走了，还对你说他不要做你最好的朋友了。因为这件事，当你回到家时，你看起来很沮丧。当你进门时，我看得出你很沮丧，你扔下了书包，郁闷地说凯西不愿意做你的朋友了。这种情况已经发生过好几次了——与朋友发生口角。每当发生这样的事，你总是立即告诉我你第二天不去上学了。

O：提出开放式问题

开放式问题会引发较长的回答，因此可以鼓励反思和对话；与开放式问题相反的是封闭式问题，通常会得到"是"或"否"的答案。考虑问题的各种解决方案（只进行头脑风暴），通常我们会找到两到三种以上可能的解决方案（把这些方案写在黄色便签上）。所以简可能会对汤姆说：

你不想去上学。我理解你的心情。可以告诉我更多信息吗？

你说凯西在学校对你很不好,或是你应付不了在学校发生的事情,你是怎样得出这些结论的?你知道,我很好奇。我很想知道,你是怎样做出这些负面的预测的?在生活中,很多人都会对刻薄地对待我们,如果有人刻薄地对待你的朋友,你会建议他怎么做?

这种"好奇"的态度将会促使汤姆主动思考。简并不是想替汤姆解决问题。相反,她试图构建对话,帮助汤姆以一种新的方式进行自我对话。她想达成的目标是避免汤姆不假思索地说"不"——他已经习惯这么做了。

深爱孩子的父母可能会想安抚汤姆。但在这个例子中,简将深入到汤姆错误思维习惯的"幕后"。对于简(和安德鲁)来说,重要的是支持和帮助汤姆更好地解决认知问题,帮助他使用新的解释来评价事件以及应对挫折,而不是断然否定汤姆提出的"朋友对他很糟糕"的问题且向他提出要求或批评——这就是心理学家所谓的"重构"过程。

帮助孩子学习如何解决问题是治疗儿童焦虑症的心理学家使用的主要疗法之一。事实上,在认知行为技术的相关书籍中,有许多完整的章节告诉我们如何帮助孩子学会解决问题。有一点很重要,学习如何解决问题是需要一个过程的。有时,你可能需要引导孩子解决问题:提出不同的想法,弄清楚第一步要做什么,第二步、第三步要做什么……然后制订解决问题的计划。

孩子面临的问题可能与情绪有关,也可能与情绪无关。与情绪无关的问题包括烤蛋糕、为野餐做准备或是如何画一只蝴蝶等。

解决与情绪无关的问题是一个很好的起点。随后，相同的技能也可以用来解决情绪问题。

以下是一系列开放式问题，你可以将它们用于你与孩子的对话中，从而帮助孩子回顾他们最初的（认知扭曲的）思维方式。这样做的目的不是安抚孩子，而是帮助他们打破对负面事件的自动思维方式，看看他们是否能找到新的角度来看待相同或相似的问题。提出这些问题的目的是解决问题，家庭治疗师使用这些问题来帮助家庭以不同的方式思考。你可以使用它们帮助孩子重新思考问题或者以不同的方式考虑问题。

基于解决方案的治疗性提问，挑战根深蒂固的观念

请记住确保你的提问是开放式问题，举例如下：

间接关系问题

场景：你的孩子在面对学校任务时不假思索地说"不"，并表示"我做不到"。

你说："我知道你钦佩××（同学、体育明星或老师）。如果他们在这里，你认为他们会给你什么建议？"

奇迹问题

场景：当你的孩子面临有挑战性的任务时，立即陷入情绪化推理。

你说："让我们假设发生了奇迹，你完成了眼前的任务。那

么请问，从现在到完成任务的时刻，无论是谁，为了实现目标，都需要做些什么？第一步要做些什么？"

例外问题

场景：你的孩子迅速陷入灾难化思维中，面对任务退缩不前。

你说："显然，你过去曾经有过面对挑战性任务的经历，当时你是怎么开始的？请对我说一说。"

量化问题

场景：你的孩子陷入"全有或全无"的思维方式，表示他们无法应对问题，陷入非理性状态。

你说："按照0分到10分的评分标准，0分表示完全没有信心，10分表示非常有信心，你对解决这个问题的信心有多少？如果要将你的信心水平保持在8分或9分，那么你需要做的最重要的事是什么？"

如果读完本书，你能帮助孩子发展出一项重要的技能，那就是让你的孩子养成给自己"第二意见"的习惯，不再被自己最初想法的表面价值所诱导。

如果你收到的健康诊断结果很糟糕，你可能会寻求"第二意见"。同样，你也可以帮助孩子质疑他们最初的感受或错误的想法。帮助孩子重构事件，让他们在日常生活中恰当地应对事件并不是高科技。然而，你的确需要成为一名能够激励孩子的优秀谈话者，为他们提供正确的技巧和模板，以培养他们更好的有韧性的思维习惯。

第11章 帮助你的孩子更准确地思考

心理黑客：拉开距离看待问题

对于年龄较大的孩子，你还可以尝试使用另一种技巧。除了提出开放式问题外，有时你可能还需要温和地指导或训练孩子，让他们尽可能客观地看待自己的处境。你需要帮助孩子（通常需要孩子10岁以上）养成"拉远"问题的习惯——这种技巧称为"拉开距离"。这种方法使人可以采用"直升机"视角看待问题。我不了解你的情况，但当我遇到棘手问题时，我经常发现自己在以第二人称自言自语。我（对自己）这样说："你需要退后一步。你只需要审视一下这件事，一步一步来。"为了帮助你的孩子提高"拉开距离"的能力，首先要他们在日常生活中练习观点采摘（通过为他们提供正确的语言示例），并鼓励他们这样做。

"拉开距离"是一种可以让你与自己交谈的语言技巧，就好像你是另外一个人。你还记得我的朋友凯西吗（在第4章我提到过她）？她通过与自己交谈来摆脱坏心情。对待孩子，你可以提出以下问题：

- 如果你是自己最好的朋友，你会给自己什么建议？
- 如果你要针对某件事给自己一些建议，你会说些什么？
- 这是很多人都会遇到的情况。如果当事人不是你，而是别人，你会给他什么建议？

这类问题可以帮助孩子拉远视角，考虑更具有普遍性的大局。

通过这样做，你可以教给孩子一种拉开距离看待问题的方法，客观地观察问题，并从他人的视角看待问题。

伊桑·克罗斯（Ethan Kross）在他的著作《强大内心的自我对话》中将这些拉开距离的技巧称为"心理黑客"技术[3]。经由这种方式，我们运用语言来构建自己的态度，从而对事物采取不同的看法。

下面是我使用这项技术的一个例子。我曾经对老师、学校领导和家长进行过很多场演讲。问题是，尽管我已经有过几十年的演讲经验，但演讲之前我有时还会感到紧张。所以，在这种情况下，我经常会振作精神并对自己说："迈克尔，你曾经在数百人面前发表演讲。你对自己要表达的内容很熟悉，而且你已经做好了充分的准备。你只需要走到台前，发挥出最佳水平。能做到9分就足够了。"我运用心理黑客技术的方式是与自己交谈，这使我可以就事论事地看待问题，不会因情绪化而变得慌乱。我在心里叫自己的名字，像一位鼓舞人心的朋友那样给自己鼓励，告诉自己应该对这件事充满信心。在这个过程中，我听到了自己内心的另一个声音，这个声音减轻了我对这件事的担心。

我们可以教会年龄较大的孩子使用心理黑客技术。通过使用外部视角，我们的大脑可以更客观地看待事物。它（我们的大脑）可以考虑更多的可能性，并练习以其他方式看待情绪问题。然而，一旦你向孩子介绍了这种技术，就要鼓励他们多多使用，这样才能使这种思维方式成为习惯。首先，你可能需要帮助孩子克

第11章 帮助你的孩子更准确地思考

服奇怪的感觉,让他们了解到,一个人真的可以像一位鼓舞人心的朋友那样对自己说话。因此,在解释并阐述了拉开距离的技巧后,你要持续提醒孩子尝试与自己对话。

接下来怎么做?

在谈话的某个阶段,你需要对孩子的能力表达信心,或者询问他们的计划。你可能会这样说:

· 我确实认为你已经明白了,我知道你完全可以胜任这一挑战。

· 我以前见过你解决这类问题,我认为你能做到。

· 我想你已经心中有数了,你的计划是什么?

当你表达出对孩子的能力有信心,他们会在你的表达中获得解决问题的自信。你可以指导他们使用内部控制技能。我们观察到很多焦虑的孩子失去了活力和信心,也失去了"尝试"的意愿。这对孩子来说是一个恶性循环。成人越是配合他们回避问题,或是帮助他们脱离困境,他们就越没有机会面对压力,也无法获得尝试解决问题的经验。这可能会造成一个恶性循环,他们的"情绪自我"会比"认知自我"更加强势。我发现这种情况变得非常明显,青少年在遇到问题时会向社交圈子寻求同情。如果朋友不对他们表示同情,或是试图帮助他们客观地看待问题,他们有时会埋怨朋友不理解自己。许多青少年习惯于索求同情,无法容忍更加理性的朋友,结果心态每况愈下。

你可以帮助孩子更加恰当、准确地看待情绪问题。你可以建议他们用百分比的思路来考虑问题，并想出从其他视角描述事物的方式。你可以引导他们思考某种情况的利弊，避免他们对最初的立场不加质疑，习惯性地固着于某个立场（例如"我太笨了"）。

你的工作是训练孩子的大脑，从而帮助他们管理焦虑——也许需要几个月的时间。但请记住，这是一项可以习得的技能。教练的作用是什么？教授具体技能（如何踢球、顶球等），接下来帮助孩子练习这些技能。为了帮助你的孩子更好地应对焦虑，你需要进行"长期游戏"。认知行为疗法的三个主要方面都是孩子可以掌握的：重新构建问题，解决问题，学习降低唤醒水平的技能从而帮助他们管理恐惧反应。我告诉过大家，孩子焦虑行为的改善是所谓的"滞后"指标。孩子可能需要几个月的时间才能表现出不一样的状态，但正如洗发水广告里说的那样，你可能不会看到立竿见影的效果，但你最终会看到效果，只是需要一些时间。

最后的提示

面对孩子的"情绪"问题，要记住的重点是，你的角色是促进者，而不是问题解决者。

- 尽量不要过早提供建议。
- 你可以使用情绪管理训练技术对孩子提前表达同理心。
- 做完这些之后，你重点要做的是通过 SALON 脚本帮助他们解决问题。

情境、行为和影响

我们一直在讨论，什么样的语言表达可以帮助孩子减轻焦虑并提高韧性。我想向你介绍一种强化我所谓的"复原力优秀特质"的技巧，这种方法是可以现学现用的。我们希望在孩子身上看到多种优秀特质，包括：

- 勇敢
- 勇气
- 毅力
- 勤奋
- 同情心

这项技术被称为"情境、行为和影响"（英文简称为 SBI），出自金·史考特（Kim Scott）所著的《绝对坦率》（*Radical Candor*）一书。[4] 当你观察到你的孩子情绪投入地行动，表现出努力、坚韧或毅力时，对他们说出你观察到的情况及其影响。诀窍是要在他们付诸行动之后才这样做。

这里举一个例子，你可以对孩子这样说："在考试前的两周（情境），你每天晚上都在完成作业和学习（行为）。我认为你努力的成果显而易见（影响）。"

这是一件很简单的事，但你的孩子会意识到你注意到了他们的努力。SBI 技术是培养孩子内在复原力的好方法。

再举一个例子："昨晚，你似乎很不情愿去南娜家过夜（情境），但你收拾好行李上车了，而且没有抱怨（行为）。后来你度过了愉快的时光（影响）。"

https://intellectualvirtues.org/ 是一个很好的网站，上面列出了你可能希望在孩子身上强化的优秀特质类型。该网站的创始人是教育工作者，他们指出成人可以向儿童传授某些理智方面的优秀特质，包括好奇心、理智的谦虚、自主性、专注、理智通达、思想开放、理智的勇气以及理智的毅力。

有时你需要提高孩子解决问题的能力。这包括担任他们的教练，帮助他们"独立解决"问题。成人通过行动帮助孩子改善焦虑，有时你会直接作为他们的老师。在这些时刻，你需要向他们演示、训练他们，并建议他们如何控制自己的想法，在感到焦虑时为自己提供"第二意见"。教会孩子与问题拉开距离的重要技能，他们在成年后可以很好地使用这项技能。

小结

- 大脑皮层使用语言或想象来"描绘"事件。这些词语有时会歪曲现实或是造成错误的看待事物的方式。
- 心理学家使儿童重建思维方式的过程称为认知重建，目的是帮助孩子们更具适应性地思考问题，从而使他们可以用不同方式与自己对话。
- 当你观察到孩子在语言或行为上表现出早期的焦虑迹象时，可以使用这些方法。

第12章 执 行

在这本书中,我们已经讨论了如何改变孩子的焦虑体验。有充分的证据表明,每种主要的干预策略都有效果。我们已经了解了一些重要问题。

在第一部分中,我们介绍了:

- 建立内部控制点优于建立外部控制点。
- 帮助儿童发展内部控制点,提高他们的复原力是可能的。
- 大多数习惯都是后天习得的。
- 焦虑有两个主要来源,了解恐惧和焦虑从何而来有助于我们弄清楚如何管理它们。
- 解决焦虑相关问题有两种策略模式:第一种是"发球和接球"对话,第二种是设法教导孩子克服恐惧。

在第二部分中,我们了解了模式是如何建立的以及如何改变模式:

- 如果家长在孩子焦虑的时刻选择迁就,就是在向他们传达两个信息:他们没有能力应对压力;当他们未来遇到压力时,需要别人来帮他们解决问题。

・我们观察到，应急服务人员是如何遵循流程来控制自己的情绪的。

在第三部分中，我们探讨了减少孩子焦虑情绪的五种主要干预方法：

・确保孩子得到充分休息，限制科技产品的使用，经常关注孩子。

・培养孩子克服恐惧的技能。

・多听听孩子的意见。

・对孩子提出好奇的问题并支持他们练习"拉开距离"的心理技能，从而帮助他们更准确地思考问题。

・给孩子更多"彻底停机时间"。

你的计划："这就是我现在要做的事"

根据相关研究，以上每一种策略都能单独发挥作用，但综合使用它们效果更好。为了让你在最佳状态实施我们在这本书中讨论的内容，你可以做一个"这就是我现在要做的事"的主题计划，它会对你很有帮助。

你需要考虑以下五个方面：

・制订一个可实现的计划，使你可以"少做"某些事情（少安抚孩子，少迁就孩子），"多做"另一些事情（多指出孩子的认知扭曲问题，培养和促进他们"二次思考"的能力）。

- 制订一个夫妻配合的计划。
- 为你的家人和孩子设定现实的、可以在未来几个月内实现的目标。
- 向你的孩子（包括家里的不焦虑的其他孩子）讲明你的意图。
- 使用备忘录帮助你即刻采取行动。

1. 制订一个可实现的计划

当父母想要在现实生活中实施我在这本书中介绍的干预措施时，感到缺乏信心是很正常的。一旦父母开始减少顺应行为，就会面临孩子的强烈反对，这种情况并不少见。发展家庭"信念"文化（成为一个勇于尝试新事物的家庭）会对你有所帮助。但同样重要的是，你要告诉自己，你正在做的事情是充满希望的。

如果你制订了计划，就会知道要采取哪些步骤。当你非常想拯救孩子时，提前制订的计划可以有效帮助你克服拯救他们的冲动。很多人都会有感到懈怠或是心情不好的时候，那么，我们如何调整状态来实现目标呢？我们可以借鉴其他人的做法，看看他们在必须克服情绪做好工作时是怎么做的。

在第二次世界大战之前，飞行员驾驶的机型越来越大。这些新飞机通常有四个发动机，并且比以往的飞机型号复杂得多。飞行员忽然发现，自己必须同时密切关注许多因素，这样才能照顾到所有必须注意的情况。后来发生了一些相当大的事故，这些事故表明，需要一种更好的方法来管理驾驶这些更大、更复杂的飞机所需的众多要素。为了解决这个问题，一组飞行员聚在一起编写了第一份清单。这些检查表列出了飞行员需要依次检查的一系列因素。检查表使飞行员能够在启动发动机、尝试起飞、升空以及飞机着陆之前确保自己的安全。在诸如此类的复杂任务中，他们必须确保某些事项先于其他事项完成。

所有重置行为的列表都会让你看到需要做些什么来替代过去的行为。它提醒使用者第一步、第二步、第三步……分别要做什么。像许多从事高压职业的人一样，飞行员会一遍又一遍地练习一些事务，以对自己所做的事情了如指掌。我想表达的是，在紧急情况下，飞行员会遵循特定流程。通过遵循流程，他们可以控制自己的情绪。当飞行员在驾驶飞机的过程中遇到紧急情况时，他们可以切换到理性技能的状态（通常他们之前会在模拟器上练习这些行为模式），这样他们才能高效完成任务。当你"扮演角色"时——作为孩子教练的角色——你可能必须像飞行员一样思考，记住在特定时刻需要做什么。

你为孩子所做的事，是在提高他们处理焦虑想法或行为的能

第12章 执行

力。这不是针对孩子个人的,尽管感觉上好像是这样。

当你在处理孩子的焦虑而不是像过去那样替他们解决问题或是减轻他们的痛苦时,你必须克制自己的情绪并完成任务。(我知道这说起来容易做起来难。)如果你想改变孩子的焦虑状态,那么积极主动地实现目标是很重要的。这意味着你不该回避自己作为孩子教练的角色。事实上,你应该把"干预"孩子的焦虑看作自己的任务,帮助他们控制焦虑的想法和恐惧。所以,我的第一个建议是你要"锻炼"自己。你需要坚定立场。你不是冒名顶替者,而是孩子的第一位老师。我很理解,了解如何处理焦虑等问题并不总是那么容易。但你至少可以鼓起勇气亲自去"尝试一下"。当你的孩子表现得焦虑时,请坚持执行计划。有些事情你应该少做,有些事情你应该多做。

在整本书中,我们以库珀家的孩子为例,观察他们的父母通常如何回应他们。我们研究了他们通常的反应方式(包括他们这样做的原因),以及他们的孩子从父母的行为中得到了哪些信息。在表12-1中,我列出了库珀夫妻现在可以根据从本书中学到的知识采取哪些行动。我将这些行为称为"替代"行为。我已经为你列出了备忘录的前五栏。我能否建议你读一读这些内容,并把它们打印下来贴在你的冰箱门上?

表12-1　库珀夫妻根据本书学到的知识采取的行动

焦虑行为的迹象	孩子的语言或行为	父母通常的做法
艾玛"觉得"自己的身体不舒服，变得烦躁、疯狂或情绪不稳定。	"我做不到！""不！那绝不只是一种感觉！"（她受到某件事或某种状况的冲击。）	简会安抚艾玛，分散她的注意力或作出让步。简因此变得烦恼愤怒。
汤姆缠着妈妈，一定要她"在那儿"。	汤姆不断地问："你确定你会在那儿吗？"	简一直安慰汤姆，告诉他："是的，我会在那儿。"
艾玛让简替她完成学校布置的任务。	艾玛说："你能帮我做吗？"（当简不同意时，艾玛会更加沮丧。）	简通常会帮艾玛解决问题。她不想让事态失控，于是最后替艾玛完成了任务。
汤姆为了"避免"友情问题而不去上学。	只要听到否定意见，汤姆就什么也做不了了。他形成了灾难化的思维习惯。	安德鲁允许汤姆留在家里，使汤姆不必面对有挑战性的情景。
艾玛不想外出，也不想做正常的家庭事务。她的"正常"生活范围正在变窄。	艾玛回避参与正常任务。她希望父母同意她不做某些事情。	简和安德鲁通过改变家庭惯例来"顺应"艾玛，例如不去餐馆吃饭。

第12章 执行

孩子从父母的反应中学到什么	教孩子应对具体技能
艾玛学到了,让身体失控(剧烈喘息)是可以接受的。	预先教会艾玛"回归平静"的技巧,然后提示她独立使用这些自我平静的技巧。
汤姆学到了,别人的安慰可以缓解他的痛苦。	对汤姆表达同情(给他支持),然后告诉他:"你的感受告诉你一些信息。这确实是一个问题,而你能解决它。我们来试试吧,好吗?"(给他设置挑战)
艾玛学到了,她自己没有能力解决"小"问题。	少表达确定的态度,多提出问题,支持她按照步骤完成任务。
汤姆学到了,要避免有挑战性的事情。	对汤姆说:"我们家有一种'尝试一下'的文化。"你需要准确和恰当地表达。
艾玛学到了,她没有能力应对自己的情绪困扰。	简和安德鲁无法控制艾玛做什么,但他们可以控制自己怎么做。设立一个暴露层级,帮助艾玛消除她对外出的恐惧。

2. 制订一个夫妻计划

如果你有伴侣，那么在管理孩子的焦虑这件事上，制定一个你们双方都认同的方案很重要。否则，你们可能会发现两人处理问题的方向不一致。根据我的经验，夫妻俩对于如何控制孩子的焦虑有不同意见并不罕见。夫妻俩的反应方式两极分化的情况也不罕见。一旦"伴侣模式"形成，典型的反应通常是一方倾向于"屈服"于孩子的焦虑行为，而另一方则更加坚定地捍卫自己的立场。接着，比较宽容的一方会因为另一方过于严厉而提出异议。性格坚强的配偶通常会认为自己的伴侣太软弱。你们需要（避开孩子）解决这个问题，并制订一个共同的计划。你们将共同坚持这个计划，并且在孩子面前互相支持对方。

一旦你们确定了如何共同应对孩子的焦虑，当你们中的一个人在帮助孩子控制焦虑时，另一个人就需要观察并等待。制定联合方案的第一步是就两人达成一致的目标："帮助我们的孩子减少焦虑，让他们能独立处理问题"是一个不错的开始。如果你们能就此目标达成一致，那么接下来要制订一个计划——"这就是我现在要做的事"，从而帮助你们达成目标。你仍然可以给孩子许多支持，但你的方法必须可以帮助他们控制焦虑。你不必"放弃"你的个人风格。然而，比起和伴侣达成 20% 的共识，与伴侣达成 70% 的共识会更好。一旦你认识到自己和伴侣之间回到了旧模式，你的任务就是停止重复它。你的孩子可能"看起来"不

第12章 执行

舒服,甚至用一种憔悴、悲伤的眼神来吸引你的关注——但你不应做出反应。在你的伴侣支持孩子度过艰难、焦虑的时刻(使用你们已经达成共识要坚持执行的方法)时,你只需要坐在那里不动——不要买账。

一般来说,我建议你们制定一些两人都要遵守的基本规则。

·就你们的主要目标达成一致:帮助你们的孩子减少焦虑,提高他们的解决问题的能力。

·共同制定"这就是我现在要做的事"流程,并达成一致。

·无论如何都要理解、认可和支持彼此。

·同意减少安抚孩子,减少任何鼓励孩子回避问题的"帮助和煽动",减少代替孩子解决问题的情况。

·更多地对孩子表达"你可以应对这个问题"的态度,例如,"我很有信心你能解决这个问题"。

·在可能的情况下,帮助孩子提高成功处理情绪问题的能力。

·在感到疑虑时,给彼此支持。即使你们能达成70%的共识也已经足够了。

下面是简和安德鲁使用的计划。

1. 当艾玛表现得很慌乱时,简和安德鲁不会慌乱。当艾玛心烦意乱时,他们俩都会抑制住答应艾玛要求的倾向。

2. 他们会改变从前的做法,在与艾玛交谈之前使用呼吸华尔兹的技巧提示艾玛让自己平静下来。

3. 简和安德鲁达成共识，当汤姆寻求安慰时，不要每次都安慰他。相反，他们会对艾玛和汤姆解决问题的能力表示支持和信心。具体来说，当汤姆反复问简会不会准时到补习班接他时，简不会给予回复。

4. 如果汤姆遇到了友谊问题，简不会允许他一直待在家里回避问题。她会表示对汤姆的支持（"我看到你与麦克斯的问题让你感到痛苦"）。但随后她也会对汤姆"出场"和应对问题的能力表示信心。

5. 如果艾玛要求妈妈"完美"地帮助她完成学校任务，简不会当时就消除艾玛的紧张情绪。但她会认同艾玛希望自己表现出色的愿望，随后她会表达对艾玛的竞争力有信心，即使艾玛经过努力，只能达到70%的完美度。

6. 简和安德鲁达成共识，如果任何一个孩子陷入灾难化思维，希望回避困难的任务时，他们都不会妥协。他们中的一个人会"刹住车"并告诉孩子"让我们看看如何解决这个问题"，让孩子感到父母在和他们一起面对问题，同时帮助汤姆或艾玛更准确和恰当地看待问题。

7. 他们达成共识：每周都要降低对孩子的顺应程度。他们会系统性地选择少做一些事情：少安慰汤姆，少在艾玛反应强烈时表示妥协，少让汤姆待在家里回避自己的问题。

当你的孩子表现得焦虑时，你很难不希望让他们的焦虑消

第12章 执行

失,但你不会再走捷径了。虽然你很想安抚他们、帮助他们或是顺应他们,但你要记住,你的任务是帮助孩子做好出发上路的准备,而不是为他们铺好路。换句话说,你必须控制住自己,支持孩子面对他们的焦虑。

为了克服你在担任孩子的焦虑教练时的自我怀疑,你可以重复下面的话来保持积极心态:

- "我需要遵循计划。"
- "我的孩子心智尚未完全发育成熟。在人生的游戏中,我比他们领先了25年。我需要相信自己的经验。"
- "引导、训练、辅导和教育孩子是父母的工作。这就是父母的角色——我不是冒名顶替者。"
- "孩子们希望我在他们面前扮演成年人的角色。"
- "即使有些成年人也会扭曲现实,但我不希望我的孩子变得像他们一样。这就是我的坚持。"
- "通过这样的干预,我帮助孩子在年幼时养成了良好的思维习惯,这将使他们终身受益!"

你还可以考虑对自己说:"我需要设定一些目标并坚持到底。我需要遵循流程并在恰当的时候使用SALON技术。我需要告诉孩子如何以更客观的方式思考,包括如何拉开距离,如何缩小问题。"其他时候你可以这样想:"我不应该迁就、过度安抚或代替孩子解决问题。不介入孩子的问题,并不意味着我很刻薄,或者我是一个坏父母。"

3. 设定目标

大公司通常使用 SMART 原则来设定公司目标。一个符合 SMART 原则的目标是具体的、可衡量的、可实现的、现实的和及时的。

在你读完本书后,我们将利用这种原则为你和你的家人制定一些奋斗目标。符合 SMART 原则的目标可以应用于我们讨论过的每个领域。回过头来,让我们回顾一下我们提过的四个要点:

(1)确保孩子得到充分休息,限制科技产品的使用。

(2)培养孩子克服恐惧的技能。

(3)多听听孩子的声音。

(4)帮助他们更准确地思考问题。

针对这四个方面,我在表 12-2 中给出了一部分示例。

表12-2　应用SMART原则设定目标示例

保持大脑的良好状态	从今晚开始,我的孩子要在晚上7点之前关闭电子设备,并从7:30起准备睡觉:刷牙、上厕所、读睡前故事。
培养孩子克服恐惧的技能	我将教他们使用书中的三种降低唤醒水平的方法让自己平静下来。将来如果发现他们压力很大,我会提示他们做呼吸华尔兹让自己平静下来。
多听听孩子的声音	在接下来的三周里,我要真正付出努力,成为孩子的情绪教练。当遇到使用情绪管理训练技术的好机会时,我不会安抚孩子,而是会倾听孩子,同时使用反应性的陈述和描述情绪的语言与他们交流。

续表

帮助他们更准确地思考问题	在接下来的一个月里,我将尝试发现更多认知扭曲现象。我希望孩子在面对逆境时使用准确的语言和更恰当的反应,我将把这看作我的职责。我将采取"更少确定性,更多好奇心"的立场。

这就是我建议你做的事情。你可以使用下面的空白表格(表12-3)设定家庭目标。写下你自己的目标——然后把它们贴在家里的冰箱上。还记得我们之前说过的吗?每一项策略都有用,但我们有理由认为,结合使用多种策略效果会更好。这种目标设定方式的主要目的是尽可能具体地描述目标。比如,你最好设定这样的目标:"在周一、周三和周五带着孩子和狗去附近散步",而不是"你要尝试多遛狗"。

表12-3 设定家庭目标空白表格

保持大脑的良好状态	
培养孩子克服恐惧的技能	
多听听孩子的声音	

续表

帮助他们更准确地思考问题	

4. 针对计划进行沟通

如果你要告诉孩子未来家庭将如何运作，最清晰简明的方法就是给孩子写一封信，然后把这封信大声读给他们听。我希望你读完这本书后写一封信，然后读给孩子听。关于这封信的内容，稍后我将给你一些建议。

家庭治疗师长期以来都在使用治疗性信件这个工具。在家庭治疗疗程结束后，治疗性信件通常用于总结一些关键主题（通常由家庭治疗师撰写），指出或总结家庭在治疗中完成的内容，同时也会明确指出未来的改善方向。而我建议使用的告知"信件"是为了让孩子明白你将如何对待他们的焦虑行为。此类信件还有其他益处：

- 通过向孩子朗读这样的信件，你能尽可能清楚地说明你和你的伴侣从现在起将做些什么。

- 这封信代表着你"过去"所做的事情和"未来"将要做的事情之间的分界，它也象征着你和你的伴侣对于如何管理家庭成员的焦虑情绪做出了相对正式的承诺。

·写下这样的内容可以使你在与孩子讨论未来的计划时不再紧张。你不必记住这些内容,读一下就可以了。

·你可以重读这封信——下次当你观察到孩子焦虑的言行举止时,它可以提醒你如何反应。

我想与你分享一些向孩子传达你的决定(以及其他后续消息)的方法。如果这些方法有用,你可以使用它们。但你也可以根据自己的情况写一封信。下面是简·库珀和安德鲁·库珀写给汤姆和艾玛的一封信。

亲爱的艾玛和汤姆:

我们为你们感到骄傲。你们都是很棒的孩子,我们非常爱你们。

艾玛,我们看到你为了顺利完成任务,经常来找我们寻求帮助,我们还注意到,如果你认为自己不能完美地完成某件事,你就会强硬地说"不",并且不会"尝试"去做。

当事情没有按你的预期发展时,你会变得情绪激动,有时甚至会变得疯狂。这在你身上很常见。

汤姆,我们注意到你在学校里遇到友情问题时往往会退缩。我们注意到你总是向我们寻求保证,以确保自己是对的。上个星期,为了确保我到补习班接你,你跟我(妈妈)确认了6次。

艾玛,过去当我们看到你的上述表现时,我们总是对你说你有多"优秀"、安慰你。汤姆,对于你的事我们也有所反思。我们过去会帮助你完成普通的有挑战性的任务，帮你铺平道路。我们还发现，我们为了安抚你总是会满足你的愿望，比如保证会到补习班接你。

我们曾经认为这样做是在帮助你们。但我们已经重新考量了这些做法。我们最近了解到更多知识，关于如何在你们感到恐惧和焦虑时为你们提供帮助。从现在开始，我们将以不同的方式对待你们。

艾玛，从现在开始我们会支持你，但我们不会参与到你的任务中，替你完成任务。如果你感到不自信，我们会陪着你（支持你），但我们也与你一起探索，看你是否能独立解决问题。

汤姆，我们相信你有能力面对自己的友谊问题。所以，从现在开始，上学就是你的工作了。爸爸和我要去工作，你也得去做你的工作。

我们做出这些改变是为了帮助你们变得更好，并减少你们的忧虑。一开始，这对我们每个人来说可能都会很困难，但我们确信这是我们要走的正确道路。我们对你们管理焦虑的能力充满信心。

爱你们。

妈妈和爸爸

5. 使用备忘录

具体参考图 12-1。

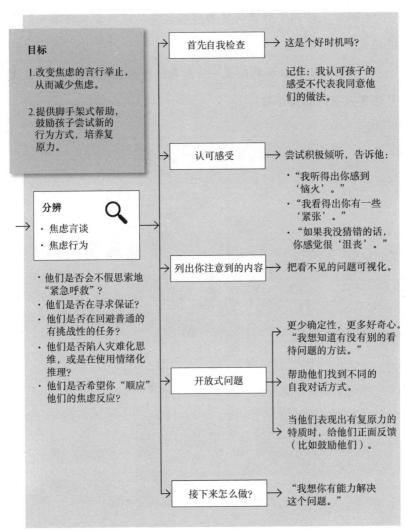

图 12-1　父母备忘录（供焦虑儿童的父母使用）

> **小 结**

・你需要确定自己的方向,以便在正确的时刻进行干预。

・拥有支持孩子解决情绪问题的父母,是孩子变得坚韧的关键因素。

・看似微小、温和的改变——如果能持续坚持下去——可能大大改变孩子的焦虑体验。

第13章 结 语

在第2章中，我提到了如何培养复原力。我关注到哈佛儿童发展中心对数十年来关于影响复原力的因素的研究的总结。这些研究发现了影响儿童培养复原力的四个因素：

· 儿童需要与生活中至少一位重要成人建立起稳定、关爱和支持性的关系。

· 儿童需要发展出与他们年龄相符的对生活环境的掌控力。那些相信自己能在一定程度上控制自己生活的人往往表现得更好。一些简单的事务，比如学会整理自己的床铺，能够在很大程度上让你产生对生活的掌控感。

· 儿童需要培养强大的执行力和自我调节能力。

· 如果孩子感到自己属于一种信仰或传统文化的一部分，他们会做得更好。

在本书给出的模型中，我尝试让你看到，采取中长期取向的方法将如何改变孩子的焦虑行为。他们仍然会时不时感到焦虑，我们所有人都是这样，但你可以教会他们在正确的时刻使用正确的方法。

正如我们在前面讲过的，从最初的外部控制导向转变为内部控制导向是可能的。你的孩子在改变自我对话方式这件事上可能能力有限，然而，这并不意味着我们不该开始行动。为了获得最佳的自我对话能力，孩子需要在成年之前持续学习。但是，随着你层层深入地培养他们的复原力技能，你会见证他们逐渐发展出具有复原力的心态。请记住，大脑是从后向前逐步变成熟的，这意味着，随着大脑按照规律发展，最终会表现出最佳的认知控制能力。

在孩子年幼时（5岁以下），他们会更容易感到恐惧，而且他们很难用语言表达出来。他们的恐惧反应可能会抑制他们进行思考或清晰表达焦虑情绪的能力。在他们5岁后，他们可能会自动产生很多念头，但他们无法控制这些念头。在童年中期，他们需要学着探索和接受其他思维方式，学习重新构建自己的想法。

到了童年后期，他们会更擅长放下即时产生的想法，与问题拉开距离或是重新思考问题，并提出替代的解释。使用心理黑客技术，例如让他们养成使用第二人称自我对话的习惯，可以帮助他们摆脱习得性无助。他们可以挑战自己，做得更好。

在青少年时期，孩子会更擅长反驳自己的想法或是反驳自己对事件的不准确评估。这一进步基于青少年自身的发展和他人的辅导。然而，儿童也具有这样的潜能——他们有待于成人的指导，成人可以帮助他们更加日常化地使用这些技能。如果你能一方面通过表达同理心支持孩子，另一方面帮助孩子成为一名"公众科学"高手（通过支持他们发展观察能力、证据收集能力和寻找替代解释的技能），那么你将帮助他们发展出内部控制能力。

第13章 结语

如果幸运的话，他们最终会发展出与自动化思维"争论"的技能。自我对话（使用第二人称）的能力是许多成年人都没有掌握的一项重要技能，但你可以把这项技能教给你的孩子。在一生中，我们能发展出越来越复杂的方式与自己对话，并权衡自己焦虑的念头和感受。我们可以帮助孩子成为焦虑的主人。

孩子们依靠生活中的教练、培训师和指导者帮助他们培养获得观点的能力。为了培养孩子的内部控制点，孩子身边的成人需要冒着将孩子置于不适境地的风险，并在他们与强烈情绪作斗争时为他们"保留空间"。你不必解决孩子所有的问题，这样做弊大于利。正如我多次说过的（但这些话值得重复），当你与孩子讨论问题时，只是触摸孩子的肩膀或手臂就可以为他们提供支持，并且你还可以教他们以科学的、逻辑化的方式看待问题。温和的共情和坚定的理性不是非此即彼的关系。

你是否还记得，在引言中我们谈到过，通过使用家长主导的模型，你可以指导孩子并向孩子演示如何管理焦虑。我希望你现在已经意识到，当孩子变得焦虑时，大多数父母在大多数情况下完全可以做到这一点。通过日常支持性地回应孩子，同时帮助他们更好地管理不恰当的思维方式，你可以帮助他们发展出更具适应性的叙事结构，这将有助于他们应对问题。

可以预见的是，如果在孩子成长的早期教会他们恢复平静的技能，那么你就不必在以后进行太多干预。正如我在本书开头提到的，想象一下，如果你看到孩子正在使用你教给他们的"恢复平静"的技能会有什么感受；再想象一下，当他们可以独立运用这项技能而不需要你的提示时你会有什么感受。当老师们看到学生在未经提示的情况下运用老师教给他们的技能，老师们会说这个学生"开窍"了，这时老师会对自己的工作感到很满意，我希望你也能体验到这样的感受。

最后，我们都会面临焦虑的时刻和焦虑的时期，我们都会担心事态的发展。某种意义上，我们能更好地应对生活中的挑战，不被它们彻底击垮。我们可能而且确实经历过艰难的时期，但接下来我们基本上都会适应状况。部分原因是，作为成年人我们有客观的判断力。

我在这本书中写到的许多内容都是关于在焦虑时刻你在孩子面前的角色定位的。虽然技术很重要，但同样重要的是，你要建立一种"勇于尝试"的家庭文化，积极使用我们在书中介绍的技术。正如你在整本书中所了解到的那样，父母对孩子的成长负起责任非常重要。在这件事情上，你不是要"按照别人说的做"，而是要通过支持孩子的成长，支持他们发展独立性来帮助他们。

我曾经提醒过，你的孩子不是一个小大人。所以我认为任何13岁以下的孩子都应该远离对他们不利的影响和事件。当他们还是孩子时，他们的生活重点在学校学业，当然还有与家人、朋友、同学老师建立良好关系上。父母工作的一个重要部分是保护孩子避免受到可能影响学业的重大压力的影响。我的建议是，对于那些孩子们不需要关心的事，或是会让他们感到有压力和困惑的事，不要让孩子们承担与之相关的压力。对孩子说什么和不说什么，你都要谨慎对待。现在，我们看到儿童焦虑症不断增加，至少有部分原因是儿童听到和看到了太多的人间的痛苦，这一定会对他们产生影响。

你可能会认为你不应该过度干预孩子的性格。然而，现在有一些因素对孩子的影响比你我更大，而且这些影响并非都是正面的：互联网不受限制的使用，媒体上常见的传播恐惧的内容，一些社交应用程序对"美"的标准的歪曲，以及这种社会比较对年轻人的影响。这些都是影响儿童和青少年心理健康的现代文化潮流。

这是你的孩子，不是别人的

我需要特别提醒一下，有一些活动可能不在你的"儿童禁止"清单中，你需要思考如何对待这些活动。尽管你接触到的一些家长可能持有"对孩子接触的事物不加限制"的观点，但我想提出一个应当限制甚至禁止孩子参与某些活动的理由。作为父母，你可以控制或限制相关活动的影响，以免损害孩子的身心健康——我建议你这样做。

在孩子成长为青少年的过程中，想让他们免受社交媒体、其他媒体以及应用程序的外部影响是完全不现实的，但在我看来，我们需要尽可能保护他们免受这些因素带来的负面影响。当孩子没有长大成人时，尤其是在13岁以下时，我们需要尽可能推迟他们受到社交媒体巨头的影响的时间。我强烈建议，在孩子13岁之前不要允许他们在无人监管的情况下使用互联网或 Instagram。

我建议你禁止以下三件事。

1. 对他们不利的互联网应用和电影

13 岁以下的儿童和青少年不应以牺牲家庭或社会关系为代价使用电子设备。Instagram 是儿童和年轻人使用的主要社交应用程序之一，我认为你应该在孩子年少时避免孩子使用它。我明白：在当孩子们进行社交时，他们通常经由手中的电子设备取得联系。但我们需要知道，一些应用程序（例如 Instagram）与儿童负面的心理健康状况有相关性。如果你看一看纪录片《社会困境》（*The Social Dilemma*），就会明白我的意思。

2. 接触新闻或流行事件会加剧孩子的自我怀疑

与他人比较会给孩子带来巨大的问题。在许多情况下，营销人员利用恐惧、不确定性和怀疑（统称为 FUD）向儿童和青少年推销产品。我们需要帮助我们的孩子批判性地看待他们观看的内容，主动思考"我们允许谁来影响自己"，有比他们更强大的力量和掠夺者会操纵他们。作为父母，我们的工作是帮助孩子了解媒体和营销机构的运作方式，让他们能够做出选择。

3. 反复暴露于他们无能为力的重大事件面前

我们需要意识到，儿童焦虑的增加至少在一定程度上与儿童暴露于他们无法解决的问题面前有关。将孩子彻底保护起来，让

第13章 结语

他们免受我们面临的每一个重大生存问题的影响是不现实的,例如气候变化、动物栖息地的减少或其他与身份政治有关的复杂问题。如果我们认为围绕这些话题引发的某些愤怒情绪不会影响到他们,那就太天真了。他们大概率会受到影响。一些研究表明,当孩子被大量的愤怒包围时,他们的杏仁核会增大,与没有在愤怒环境中长大的孩子相比,这些孩子更容易感到恐惧。因此,最好尽可能保护他们免受离婚、气候变化和导致物种灭绝的政策等问题的影响。

本书的一个主题是,当我们经历压力时,可能会出现焦虑反应,但这样的反应是我们可以控制的。关键信息是,大多数焦虑都可以消除,而无须使用药物。另外,压力源始终伴随着我们,我们需要为我们的孩子提供正确的工具来帮助他们管理这些压力源。

很快,有两种情况会随之而来,正如黑夜过后就是白天。你的孩子将变成青少年(伴随着青少年时期的喜悦和变化),他们自然地希望自己变得更加独立。我在本书中讨论的很多内容是关于如何在孩子13岁之前培养他们的内部控制点的,这些努力会使他们在长大后更好地应对压力源。

如今,越来越多的儿童和青少年相信他们的幸福程度由生活环境决定。他们说自己是唯一被社交媒体包围的一代,而社交媒体只会强调人们看起来不错或永远积极的一面。这些都是错误的信念,它们是外部控制导向的。

一些社会学家表示,西方社会正在经历从尊严文化向受害者文化的转变。[1] 曾经我们会对他人的轻视或意见分歧毫不在意(在尊严文化中),但现在我们可能更容易感到被冒犯。当我们从尊严文化转向受害者文化时,越来越多的人认为自己无法控制自己的生活,并将自己视为受不可控力量影响的受害者。当社会成员将自己视为尊严文化的一部分时,他们不会这样想,他们更有可能摆脱忧虑并自行解决问题。

我们已经在这本书中看到,扭曲的解释是如何留在人们的大脑中的,有时,这些解释只是基于对某种情况的误解所引发的情绪化的直觉。儿童特别容易产生这样的误解,因为他们看待事物的方式更简单。这并不是因为他们愚蠢,而是因为他们缺乏灵活的认知工具。

无论孩子正在经历恐惧还是焦虑,一旦这些熟悉(却不一定准确)的词语、短语或情绪在孩子的脑海中扎下根来,他们可能会倾向于将这些标签使用在类似的或者只有些许联系的情况中。因此,害怕乘电梯的孩子也会害怕蜡烛和害怕上飞机,这种情况并不罕见。当他们在某种情况下感到焦虑却没有得到帮助时,可能会导致他们将当时的反应泛化到其他情境中,而这种反应可能会成为他们处理压力的默认方式。

当孩子重复某些反应(通常是情绪反应)并伴随着与日常情景相关的解释时,就会形成认知扭曲。这些反应可能过于情绪化,甚至是恐惧的。我们需要教导孩子们学习像科学家一样思

第13章 结语

考，否则他们可能会对因果关系做出支离破碎的解释。

当成年人面临逆境时，帮助我们纠正这些不合理解释的主要方法是所谓的认知重建过程（找到新的观察问题的角度并学习新的描述方式）。如果我们不需要重建认知岂不是更好？如果儿童的叙事结构一开始就建立得当，那就更好了。在家长主导的模式中，你可以实现这一目标。

我们需要让我们的孩子做好准备，他们的生活中难免会存在许多忧虑，我们不能永远在身边保护他们。因此，当我们和他们还生活在一起时，为他们提供在现实生活中应对压力的机会，从而帮助他们管理压力，是教育孩子的重要内容。看到孩子感到焦虑而不出面保护他们不是一件容易的事。

我希望我已经向你传达了这样一种观点：在面对孩子的焦虑行为时，你在为他们设置挑战的同时仍然可以为他们提供支持。帮助孩子战胜焦虑，会让你得到意料之外的双重收获。首先，你将帮助他们处理此时此地的焦虑反应；其次，你将成为他们最重要的心理健康教练。如果你的孩子的复原力是可以被看到或注意到的，我想，它大概会表现为某种坚韧的心态，以及从挫折中恢复的能力。我们的孩子会把焦虑看作生活的一部分，并且是他们有能力克服的存在。他们会对如何应对焦虑产生新的信心。你将为孩子的未来发展做出贡献——那时你已经不在孩子的身边。如果你为这一成果做出了贡献，你应该给自己以鼓励。在我看来，你的工作完成得很出色。

参考文献

Campbell. B. and Manning, J. 2018, The Rise of Victimhood Culture: Microaggression, safe spaces and the new culture wars, Palgrave MacMillan, Los Angeles.

Cave, D. 2021, Into the Rip: How the Australian way of risk made my family stronger, happier and less American, Scribe, Sydney.

The Center on the Developing Child, Harvard University 2013, Supportive relationships and active skill-building strengthen the foundations of resilience.

Creswell, C., Parkinson, M., Thirwall, K. and Willetts, L. 2019, Parent Led CBT for Child Anxiety: Helping parents help their kids, Guildford Press, New York.

Goleman, D. 1996, Emotional Intelligence: Why it can matter more than IQ, London, Bloomsbury.

Gottman, J. 1998, Raising an Emotionally Intelligent Child: The heart of parenting, New York, Simon and Schuster.

Hawton, M. 2017, Engaging Adolescents: Parenting tough issues with teenagers, Exisle, Wollombi.

Konnikova, M. 2020, The Biggest Bluff: How I learned to pay attention, master myself, and win, 4th Estate, London.

Kross, E. 2021, Chatter: The voice in our head and how to harness it, Penguin Random House, London. THE ANXIETY COACH Bibliography 218 219.

Lebowitz, E. 2021, Breaking Free of Child Anxiety & OCD, Oxford University Press, New York.

Lebowitz, E. 2019, Addressing Parental Accommodation When Treating

Anxiety in Children, Oxford University Press, New York.

Lebowitz, E. 2013, Treating Childhood and Adolescent Anxiety, Oxford University Press, New York.

Lukianoff, G. and Haidt, J. 2018, The Coddling of the American Mind: How good intentions and bad ideas are setting up a generation for failure, Allen Lane, Penguin, London.

Peterson, J.B. 2018, 12 Rules for Life: An antidote to chaos, Allen Lane, London.

Pittman, C.M. and Karle, E.M. 2015, Rewire Your Anxious Brain: How to use the neuroscience of fear to end anxiety, panic and worry, New Harbinger Publications Inc., Oakland, California.

Rosenberg, J.I. 2019, 90 Seconds to a Life you Love: How to turn difficult feelings into rock solid confidence, Hodder & Stoughton, London.

Scott, K. 2017, Radical Candor: How to get what you want by saying what you mean, Pan Books, New York.

Scott Peck, M. 1978, The Road Less Travelled: A new psychology of love, traditional values and spiritual growth. New York. Simon and Schuster.

Schore, A. 2013, Affect Regulation and the Repair of the Self, W.W. Norton & Company, New York.

Shanker, S. 2016, Self-reg: How to help your child (and you) break the stress cycle and successfully engage with life, Yellow Kite Books, London.

Siegel, D. 2014, Parenting from the Inside Out: How a deeper self-understanding can help you raise children who thrive, Scribe, Melbourne.

Stixrud, W. and Johnson, N. 2018, The Thriving Child: the science behind reducing stress and nurturing independence, Penguin Life, London.

Taleb, N.N. 2012, Antifragile: Things that gain from disorder, Penguin, London.

Walker, M. 2018, Why We Sleep: Unlocking the power of sleep and dreams, Scribner, New York.

尾 注

引言

1. Creswell, C., Parkinson, M., Thirwall, K. and Willetts, L. 2019, *Parent Led CBT for Child Anxiety: Helping parents help their kids*, Guildford Press, New York, p. 61.

2. See Dr Lyn O'Grady, MAPS, *APS INPSYCH* 2017, vol. 39, issue 6, December.

3. Kessler, R.C. Berglund, P. and Demler, O. et al. 2005, "Lifetime prevalence and age-of-onset distributions of DSM IV disorders" in the National Comorbidity Survey Replication, *Arch Gen Psychiatry*, 62, pp. 593-602.

4. A recent journal article by Thirwall, K., Cooper., P. and Creswell, C. shows that parent-guided CBT has been shown to be an effective treatment for children with similar outcomes to therapist-led outcomes. www.ncbi.nlm.nih.gov/pubmed/27930939.

5. Manassis, K. et. al 2014, "Types of parental involvement in CBT with anxious youth: A preliminary meta-analysis", *Journal of Consulting and Clinical Psychology*, vol. 82, no. 6, pp. 1163-72.

第1章

1. M. Scott Peck 1978, *The Road Less Travelled: A new psychology of love, traditional values and spiritual growth*, New York. Simon and Schuster. Pp.64-5.

2. Rotter, J.B. 1966, "Generalized expectancies for internal versus external control of reinforcement", *Psychological Monographs*, 80(1), pp. 1-28.

3. Twenge, J. 2004, "It's beyond my control: A cross-temporal meta-analysis of increasing externality of locus of control", *Journal of Personality and Social Psychology*, review 8, no. 3, August.

4. Ahlin, E.M. and Antunes, M.J.L. 2015, "Locus of control orientation: Parents, peers and place", *J. Youth Adolescence*, 44: pp. 1803-18.

5. Siegel, D. 2010, *Mindsight: Change your brain and your life*, Scribe, Melbourne, p. 11.

第 2 章

1. "开发内在资源就像加固帆船的龙骨，这样你就能更好地应对世间的风浪——得与失、乐与痛、赞扬与责备、名誉与诽谤——而不会陷入被动反应的状态。或者至少你能更快地恢复过来。" Rick Hanson, PhD, 2020, *Neurodharma: New science, ancient wisdom, and seven practices of the highest happiness*, Random House Audio.

2. Taleb, N.N. 2012, *Antifragile: Things that gain from disorder*, Penguin, London, p. 59.

3. Harvard Center on the Developing Child, research paper no. 13, p. 5.

第 4 章

1. Haslam, N. 2016, "Concept creep: Psychologies expanding concepts of harm and pathology", *Psychological Inquiry*, 27 (1), 1–17.

2. Seligman, M. 1990, *Learned Optimism*, Random House, Sydney, p. 76.

3. The idea for this story came from the book *Wildhood: The astounding connections between human and animal adolescents* by Kathryn Bowers and Dr Barbara Natterson-Horowitz.

第 5 章

1. Lukianoff, G. and Haidt, J. 2018, *The Coddling of the American Mind: How good intentions and bad ideas are setting up a generation for failure*, Allen Lane, Penguin, London, p. 29.

第 6 章

1. 在这种情况下，"accommodation"一词的含义与教育工作者谈论的调整或适应学生学习不同。相反，它指的是孩子生活中的成年人如何改变他们通常的行为，比如不出门，或者成年人采取先发制人的行动来避免困难的情况。

2. Adelman, C.B. and Lebowitz, E.R. 2012, "Poor insight in paediatric obsessive-compulsive disorder, developmental considerations, treatment implications, and potential strategies for improving insight", *Journal of Obsessive Compulsive and Related Disorders*, vol. 1, pp. 119–24.

3. Lebowitz, E. 2019, *Addressing Parental Accommodation When Treating*

Anxiety in Children, Oxford University Press, New York, p. 23.

4. Peterson, J.B. 2018, *12 Rules for Life: An antidote to chaos*, Allen Lane, London, p. 122.

第7章

1. Omer, H. https://www.haimomer-nvr.com/post/how-to-develop-selfcontrol-strike-the-iron-when-it-is-cold

第8章

1. Alfano, C.A. Ginsburg, G.S. and Kingery, J.N. 2007, "Sleep in anxiety disorders", *Journal of the American Academy of Child and Adolescent Psychiatry*, vol. 46, pp. 224–32.

2. Howard, J. 2019, "Exercise, sleep screens: New guidelines for children", CNN Health, 24 April, https://edition.cnn.com/2019/04/24/health/childrecommendations-exercise-sleep-screens-who-study-intl/index.html

3. Haidt, J. "The dangerous experiment on teen girls", The Atlantic, www.theatlantic.com/ideas/archive/2021/11/facebooks-dangerous-experimentteen-girls/620767/

4. Radesky, J. www.pbs.org/parents/authors/jenny-radesky-md.

5. Canales, K. 2021, "40% of kids under 13 already use Instagram and some are experiencing abuse and sexual solicitation, a report finds, as the tech giant considers building an Instagram app for kids", Insider, 14 May, https://www.businessinsider.com.au/kids-under-13-use-facebookinstagram-2021-5.

6. Haidt, J. "The dangerous experiment on teen girls", The Atlantic, www.theatlantic.com/ideas/archive/2021/11/facebooks-dangerous-experimentteen-girls/620767/

7. Wood Rudulph, H. 2017, "How women talk: Heather Wood Rudulph interviews Deborah Tannen", Los Angeles Review of Books, 11 October, https://lareviewofbooks.org/article/how-women-talk-heather-woodrudulph-interviews-deborah-tannen/

8. Screen Time and Children, no. 54; updated February 2020, www.aacap.org/AACAP/Families_and_Youth/Facts_for_Families/FFF-Guide/Children-And-Watching-TV-054.aspx

9. News release, Geneva Reading Time, www.who.int/news/item/24-04-2019-to-grow-up-healthy-children-need-to-sit-less-and-play-more

10. Stixrud, W. and Johnson, N. 2018, *The Thriving Child: The science behind reducing stress and nurturing independence*, Penguin Life, London, pp. 21-2.

第9章

1. "Extinction learning in Humans: Role of the amygdala and VMPFC", *Neuron*, vol. 43, pp. 897-905; Wolitzky-Taylor, K.B., Orowitz, J.D., Powers M.B. and Telch, M.J. 2004, "Human emotional brain without sleep: A prefrontal amygdala disconnect", *Current Biology*, vol. 17, pp. 877-8.

第10章

1. Hurrel, K.E., Houwing, F.L. and Hudson, J.L. 2017, "Parental meta emotion philosophy and emotion coaching in families of children and adolescents with an anxiety disorder", *Journal of Abnormal Child Psychology*, 45 (3), pp. 569-82.

2. Christian, B. and Griffiths, T. 2016, *Algorithms to Live By: The computer science of human decisions*, HarperCollins, London, p 103.

3. Kelemen, D. 2019, "The magic of mechanism: Explanation-based instruction on counterintuitive concepts in early childhood", *Perspectives on Psychological Science*, April, https://journals.sagepub.com/doi/10.1177/ 1745691619827011

第11章

1. Konnikova, M. 2020, *The Biggest Bluff: How I learned to pay attention, master myself, and win*, 4th Estate, London, p. 133.

2. Creswell, C., Parkinson, M., Thirwall, K. and Willetts, L. 2017, *Parent Led CBT for Child Anxiety*, Guilford Press, New York, p. 45.

3. Kross, E. 2021, *Chatter: The voice in our head and how to harness it*, Penguin Random House, London, p. 51.

4. Scott, K. 2017, *Radical Candor: How to get what you want by saying what you mean*, Pan Books, New York, p. 137.

第13章

1. Campbell. B. & Manning, J. 2018, *The Rise of Victimhood Culture: Microaggression, safe spaces and the new culture wars*, Palgrave MacMillan, Los Angeles, p. 14.

致　谢

　　我一直都是一名热心的读者，而且，在与许多人的相处和交谈中我也学到了很多东西。我是一名父亲，这意味着我从自己的孩子多米尼克和伊莎贝尔以及我的妻子西蒙娜身上学到了许多。我采访过许多孩子和他们的父母，他们也为本书的内容做出了贡献。一些朋友向我推荐书籍和研究文章，并帮助我检验我的假设，我很幸运与他们保持联系。他们是：罗伯·史蒂文顿、特里·莱德勒、彼得·乔恩、安哈拉德·坎德林、鲁比·奥特罗、萨莉·利里、安·麦凯布、奥德特·布朗和比尔·舒尔茨。如果没有"父母商店"的高素质员工的组织能力和持续支持——尤其优秀的海莉·克拉维根和凯特琳·柯克帕特里克的支持，我不可能完成我的工作。多年来，我一直得到那些相信我们的使命并提供道德支持和实际鼓励的人们的帮助和启发，他们是：戴维·基德、珍妮·冈德森、吉尔·斯韦特曼、罗西·里昂、安吉拉·詹姆斯、迈克尔·纳托尔、迈克尔·莱恩斯－凯利、瑞贝卡·莱恩斯－凯利、史蒂芬·卢比、苏·福莱、卡尔·古尔德、布拉德·威廉姆斯、汤姆·费兰以及 Wallington 集团的许多的成员。

　　当写作进展不顺利时，我的兄弟戴维·霍顿一直在给予我支持。谢谢你，兄弟。我们的社会中有许多致力于解决焦虑问题的人，例如家庭教育专业人士、教师和学者，本书是我"站在他们的肩膀上"写成的，你可以在参考文献部分找到这些工作者。在这些人中，有一部分是致力于减轻儿童焦虑压力的学者，他们的努力值得尊敬。感谢我的编辑凯伦·吉和 Exisle 公司的工作人员，他们在"幕后"完成了出色的工作。